よくわかる日本国憲法

竹内重年

第三文明社　レグルス文庫 243

まえがき

一般市民のかたがたに、民主国家の国民として必要な憲法についての正しい知識を身につけていただくとともに、日本国憲法の理念や精神を改めて問い直し、その理解を深めていただきたいと思って、私はこの本を書きました。

いうまでもなく、憲法は、いまの日本の政治のよるべき準則を定めた基本法であります。立法も、司法も、行政も、この憲法に従っておこなわれなくてはなりません。憲法によって何より大切な国民の権利や自由が保障されており、国家の権力によってそれを侵すことは許されません。憲法の根本的使命は、国家の権力から国民の自由と権利を守る点にあるといえるでしょう。

憲法は、だから、国家や国民にとって、きわめて重要な根本的規範であります。このことを思うと、憲法を学び、その精神を正しく理解することは、主権者である国民に共通する重要な課題だということができます。二十一世紀に入って三年目のいま、混迷を増す内外の政治状況を反映して、憲法にたいする人びとの関心は、個人の人権から世界の平和まできわめて多様である、といえましょう。

そこで私は、憲法というものの社会的本質をリアルにつかむという点に留意しながら、憲法の個々の条文のこまかい解釈問題にはあまり立ち入らないで、憲法の理解にあたって知っておかなければならない、憲法というものの性格や、そのおおもとの精神を考察し、平和主義や基本的人権について略述したのち、天皇、国会、政党、内閣、裁判所、地方自治などについて、それぞれ説明を加えることにしたのです。それによって憲法の大綱についての基本的認識と理解がえられるよう、できるだけわかりやすい言葉で表現しようと努めました。

憲法を構造的にとらえようとする視点に立って書きましたので、この本をよく読めば、中・高生や一般市民のかたがたにも、憲法の構造とエスプリを十分に理解してもらえるだろうと思います。法学や政治学を専攻する学生諸君にとっても、その知識を確実にし、さらに深めていくうえに役立つのではないかと思います。

私はさきに、『憲法のしくみ』（啓文社）と題する本を公にしました。それは思いがけなく多くの人びとに読まれ、一般の人びとにも少なからぬ興味と関心をもたれました。そして日本図書館協会の選定図書に選ばれました。ありがたいことです。

この本は右の著作を土台にし、ちかごろ月刊誌に発表した小論を加えて編まれたものです。このたびいっそう小型の「レグルス文庫」の一冊として世に出ることになったのは、この本の本来の目的からいって、何よりよろこばしいことと思っています。

私としては、この本を、さらに多くの人びとに読んでいただけることを念願しています。そしてこの本が、少しでも、憲法にたいする一般の人びとの関心を強め、その理解を深めると同時に、憲法意識の高揚に役立つことができれば、著者として、この上ないしあわせといえるでしょう。憲法をたんなる「紙の上の文字」だけにおわらせないよう、憲法の魂は何かをしっかりとつかんでいただくことを期待しています。

二〇〇三年三月三十日

著者

十　参議院の存在意義……79
十一　内閣……85
十二　裁判と司法権の独立……91
十三　違憲法令審査権と最高裁判所の任務……97
十四　地方自治……103
十五　憲法尊重擁護義務……109
十六　憲法の改正とその限界……115
十七　憲法の使命と運命……121
●憲法のめざすもの……127
●憲法改正より理念の実現を……175
●日本国憲法（全文）　マッカーサー草案　ポツダム宣言……191

目次

まえがき
一　憲法とは何か……11
二　日本国憲法が生まれるまで……17
三　平和主義……27
四　法のもとの平等……37
五　基本的人権……43
六　天皇……53
七　国会……59
八　選挙……65
九　政党……71

一　憲法とは何か

国民は、憲法を自らの権利であり実態であるという感覚をもたなければならぬ。さもなければ、憲法は、なるほど外面的には存在しえても、なんらの意義も価値ももちえない。

——G・F・ヘーゲル

最も大切な国家の最高法規

憲法というのは、ひとくちでいえば、国の政治の基本的ルールのことです。国の政治というのは、どこの国でも一定のルールに従って行われているわけです。たとえば、法律はどのようにしてつくるか、裁判はだれがするのか、税金はどういうふうに集めて、それをどのように使うか、というようなことは、どこの国でも一定のルールに従って行っているわけです。そのルールを憲法というのです。国家や国民にとって最も大切なルールですから、これを国の「最高法規」といっています。

立憲主義の考え

西欧諸国では、近世のはじめに自由主義とか民主主義とかいう思想が強くなり始め、それまで君主や国王が単独で握っていた非常に強い独裁的な権力をできるだけ制限し、国民の合意にもとづいて国の政治をやっていくべきだという思想がひろく各国に行きわたるとともに、政治の基本的なルールとしての憲法という考えが発達してきたのです。このように国家権力が憲法の制約を受け、国の政治が憲法にもとづいて行われるという原則を立憲主義といいます。この立憲主義が、近代諸国を通じての根本的な政治原理として承認され、やがて、この原理を含まない憲法は真の憲法ではない、という考えが諸国を支配するようになりました。

憲法の実質的内容

それでは近代諸国の憲法にどんなことがきめられたかといいますと、その内容は国により多少の違いはありますが、その全体を通じてひとつの共通の特色がみられます。それは何かといいますと、どの憲法にもきまって、国の政治が行われるばあいの組織を定め、政府や議会や裁判所といった国家諸機関のしくみやその権限の根拠と限界を定めていることです。国を建物にたとえるとすれば、憲法は、その設計図であり、憲法に画《えが》かれた図面にもとづいて国が建てられるというわけです。

また、国のしくみや権限のほかに、もう一つ大切なことがきめられています。それは国民の権利や自由のことです。国民はどのような権力によっても侵すことのできない人間としての権利や自由、すなわち基本的人権をもっているということを明確に宣言していることです。身体の自由とか、言論の自由とか、思想の自由とか、そこには国民のいちばん大切な権利が規定されているのですから、憲法は国民の生活に広くかつ深い関係をもち、国法のうちで最も重要なものだといえるでしょう。

憲法の役目

このようにして憲法は、一面では、国家の権力が正当に行使され、権力の濫用《らんよう》が生ずるのを防ぐと同時に、他面において国民の基本的人権を端的に保障し、国民を国家権力の濫用からどこまでも守るという役目を果たしています。

いまでは世界のどの国の憲法にも国家諸機関の権能だけではなく、それにもまして重要な憲法の中核をなすものとして、国民の基本的な権利を保障するのが通例です。昭和二十一年十一月三日に公布され、翌年五月三日から施行されたわが日本国憲法も、こうした近代憲法の伝統に従っています。そうして、統治の機構については、権力分立主義を採用し、立法権は国会に、行政権は内閣に、司法権は裁判所に、というようにこれをそれぞれ違った国家機関の手に与えています。また権利の宣言としては、人間が生まれながらにしてもっている権利は国家の権力によってこれを妨げてはならないということをはっきり定めています。こうすることによって、国家権力が濫用《らんよう》される危険が少なくなり、国民の自由を守ることができると考えられたからです。

憲法は、このように国の政治の基本的なあり方を定め、国民の基本的人権を保障しているのですから、しっかりと守っていかなければなりません。したがって、国民は、その精神を正しく理解し、日常の暮らしの中にそれを活《い》かしていく努力をしなくてはならぬとおもいます。

憲法の精神をつかみ憲法を守る努力を

二　日本国憲法が生まれるまで

どのような社会も恒久的憲法をつくることはできない。
——T・ジェファソン

第二次世界戦争後まさしく憲法の津波が世界中に発生した。
——K・レーヴェンシュタイン

ポツダム宣言のもたらしたもの

昭和二十年八月十四日、日本政府はポツダム宣言を受諾し、ポツダム宣言を履行《りこう》するというかたちで日本国憲法が生まれました。そういう経緯がありますので、人の知るように、日本国憲法は「押しつけられた憲法」だとよくいわれます。ポツダム宣言は、しかし、言論の自由を尊重し、民主主義的な傾向を復活強化して、今後の日本の政府が平和的な傾向をもった責任ある政府でなくてはならぬということを要求したのですから、その要求に従わなければならなかったのです。そこで日本の政府が徹底的に民主的で平和な方向にむかうためにはどうしたらいいか、ということが当然問題とされるようになったのです。

明治憲法の民

だれもが知っているように、明治憲法といえども、全面的にポツダ

主的な要素と反民主的な要素

ム宣言の要求に逆行するはずのものではなかったのでした。明治憲法は伊藤博文がヨーロッパに調査研究に出かけ、グナイストとか、シュタインとかいうような、その当時のドイツやオーストリアの名高い学者の教えを受け、それを参考にしてつくりあげられたものです。明治二十三年十一月二十九日に施行されてから、半世紀以上ものあいだ日本の政治を規律し、「不磨の大典」として少しも改正されなかった憲法で、わが国の立憲政治にそれなりの役割を果たしてきたわけです。

しかしながら明治憲法は、一方において、西欧諸国の政治思想の影響のもとに次第に有力になってきた民主主義の考えをある程度までとり入れ、国民の権利自由を保障し、議会制度を認めてはいましたが、他方ではまた、天皇主権主義にもとづいて国の政治を行わなくてはならぬという考えにたっていたものですから、いまの日本国憲法のように、国民が中心になって国の政治をやろう、というのとはその原理が基本的に違っていたといわなくてはなりません。

天皇主権主義から国民主権主義への変革

日本国憲法は明治憲法に代わる新しい憲法だから、一般には「新憲法」と呼ばれています。したがって、明治憲法をいちど廃止してまったく別にあらたにつくったようなひびきを与えますが、ほんとうはそうではありません。日本国憲法は明治憲法の改正という手続きを経て生まれたのです。じつは日本国政府はポツダム宣言を受諾するにさきだって、ポツダム宣言は天皇を中心に日本の政治を行うという日本のこれまでの政治のあり方には少しも変更を加えるものではないとの了解のもとにこれを受諾する、という旨の申し入れをいたしました。ところが連合国は、昭和二十年八月十一日付の回答で、それについては直接答えることをしないで、それどころか、これからの日本の政治のあり方を最終的にきめるのは、自由に表明された日本国民の意思である、ということを回答してきたのです。それを受け取ったことによって、国民主権の原理が承認されたということは、とくに注目を要します。つまり、明治憲法では、天皇主権が基本原理で、日本の政治のあり方を最終的にきめる力は天皇にあるとされていました。しかし、連合国の回答によれば、これからの日本の主権者は国民だというのです。この連合国の回答は、とても日本政府の申し入れを認めたものとはいえません。今後の日本の政治形態は国民の意思できまるというのですから、明治憲法に大きな変革がもたらされたことになることは、きわめて明白です。これは、ひとつの革命だといってもよいでしょう。もちろん、それはまったく法律学的意味においていうのであって、けっして、暴力でもって血を流す革命という意味ではありません。

ポツダム宣言の受諾によって、明治憲法の天皇主権主義が否定され、日本の政治の基本原理が、ここで根本的に変わったといわなくてはなりません。

「不磨」の大典といわれた明治憲法の改正

明治二十三年に施行されてからおよそ半世紀以上ものあいだ、一度も改正されることなく「不磨」の大典と考えられてきた明治憲法は、民主政治を実行するために、とうとう全面的に改正される運命に立ちいたったのです。政府は、昭和二十年十一月一日、連合国軍最高司令官から憲法改正についての指示を受けましたので、さっそく憲法問題調査会を設け、松本国務大臣を主任として、その調査にとりかかりました。

政府草案を拒否してマッカ

政府は、調査会の調査を経て、翌昭和二十一年二月初旬に、松本案と呼ばれる改正案をつくって、連合国側の承認を求めたのですが、連

ーサー草案を提示

合国軍最高司令官マッカーサーは、この松本案をもって日本の民主化に不十分であると認め、これを拒否し、これまでの方針を変えて、連合国みずから日本の憲法の草案をつくることにしたのです。草案ができあがると、最高司令官は、二月十三日、これを日本政府に示して、それを政府草案とすることを求めました。これがマッカーサー草案といわれるものです。

このマッカーサー草案は、国民主権をはっきりと宣言し、天皇を国の象徴と定め、戦争の放棄と軍備の撤廃を定めていたので、日本政府は大きなショックを受けたのでした。しかし、政府はあらゆる角度から検討した結果、結局、それを受け入れることにしました。そして、マッカーサー草案に若干の修正を加え、三月六日、これを政府の「憲法改正草案要綱」として勅語とともに公表しました。マッカーサーは、同日、この草案要綱を全面的に支持する声明を発表しました。天皇の名において要綱が発表され、最高司令官の全面的な支持を得たことによって、新しく生まれる日本国憲法の内容はこれでほぼかたまったといってよいでしょう。

平がなまじりの口語体

四月十日に、憲法改正案を審議すべき衆議院議員の総選挙が行われ、四月十七日には、草案要綱をきちんと条文のかたちにととのえた「憲法改正草案」が発表されました。それは平がなまじりの口語体で書かれていたので、世人の注目をひきました。そうして、この改正草案は、明治憲法第七三条によるものとして、昭和二十一年六月二十日、第九十回帝国議会に附議され、議会で三カ月半にわたって審議されたのち、若干の修正が加えられて可決成立し、十一月三日に公布され、六カ月のちの昭和二十二年五月三日から施行されるにいたったのです。

憲法をきめたのは国民

このような日本国憲法の生まれ方をみますと、たしかに「押しつけられた」ところがあることは、明らかです。しかし、押しつけられたところがあるにしても、議会で活発な議論が行われ、両院のいずれにおいても反対者はごく少なく、大多数で可決された結果、日本国憲法が生まれたということは、否定し得ない事実です。このときの一般国民の意識としては、憲法制定に参加したという意識は不十分だったとおもいますが、日本国憲法の前文にも、「日本国民は、正当に選挙された国会における代表者を通じて行動し、……ここに主権が国民に存することを宣言し、この憲法を確定する」と謳《うた》っているように、日本国憲法をつくったのは、ほかならぬ国民なのです。

三　平和主義

今日までの戦争が多くは自衛権の名によって始められたということは事実であります。自衛のための交戦権、侵略を目的とする交戦権、この二つに分けることが、多くの場合に戦争を誘発するものであるがゆえに、かく分けることが有害なりと申したつもりであります。

――吉田　茂

平和を願う心

日本国憲法は、平和主義を宣言しています。日本国憲法の平和主義は、戦争というものが人間をほろぼし、世の中のよいものをこわしてしまうものであるから、もう二度と再び戦争はやるまい、という考えに根ざしたものです。

世界に永久の平和を

憲法の前文にもありますように、日本国民は、「政府の行為によって再び戦争の惨禍が起ることのないようにすることを決意し」、「恒久の平和を念願し」て、全世界の国民が「平和のうちに生存する権利」をもつものであることを確認するといっているのは、そういう心持ちをはっきりといいあらわしたものです。そして第九条は、この平和主義を徹底するために、あらゆる戦争と軍備の全廃をきめたのです。日本国憲法は、どこまでも世界に平和をうちたてようという、まことに理想主義的な念願に基礎づけられており、前文に宣言されている平和主義の理念や第九条は、この憲法の最も重要な規定です。

日本国憲法が何よりも平和主義に重きを置いたのは、なんといっても、日本国民が、第二次世界大戦で、多年にわたる戦争の苦しみを身をもってあじわい、原爆被爆という悲惨な体験をしたことにあることは、ここにいうまでもありません。が、他方でまた、連合国軍総司令部が、日本を平和国家として再生せしめることに深い熱意をもっていたということも、やはり、無視することはできぬでありましょう。

これまで世界の人びとは、つねに平和をのぞみ、戦争なき世界の実現のために苦心してきました。そのために国際平和組織や軍縮会議などがいろいろと試みられ、真剣な努力がなされたのですが、それにもかかわらず、そうした試みや努力は成功しなかったのです。

いままでの戦争の原因

その原因は、いったい、どこにあったのでしょうか。いろいろ考えられるわけですが、世界から、ほんとうに戦争をなくすことのできなかった最も大きな理由の一つは、国際平和組織やそれぞれの国の憲法で侵略戦争はしないということを定めるにとどまり、その結果、ある国が他国から攻められたときには、自国を守るために自衛権にもとづいて戦争をすることは当然認められると考えられていたところにあったのではないかとおもわれます。すなわち、そこには自衛戦争という名のもとに、じつは侵略戦争の行われる余地が十分に残されていたのです。

いま一つの理由は、こうして自衛戦争が認められるからには、そのために軍備をもつのは当然だとされていたことです。そうして軍備をもつことが、とりもなおさず、戦争を誘発する原因となったのです。

自衛戦争は許されるか

日本国憲法は、何よりも世界平和の理想を実現するために、その第九条で、あらゆる戦争の放棄とあらゆる戦力の不保持とをきめました。すなわち第一項では、日本国民が、正義と秩序を基調とする国際平和を心のそこから願って、「国権の発動たる戦争と、武力による威嚇《いかく》または武力の行使は、国際紛争を解決する手段としては、永久にこれを放棄する」としています。この規定によって放棄されているものは、たんに宣戦布告をもって開始される国際法上の戦争だけではなく、戦争にいたらない武力の行使や武力による威嚇にまでおよんでいますが、他面においては、それは「国際紛争を解決する手段として」の戦争等に限定されています。

そこで、政府の見解のように、ここで直接に放棄されているのは、侵略のための戦争であって、それ以外の戦争、すなわち、自衛戦争までは放棄していない、と考え得る余地がまったくないわけではありません。

あらゆる戦争の放棄

しかし、こうした考え方には賛成できません。第九条の趣旨からすれば、たとえ自衛のための戦争であっても許されないと解するのが正当でしょう。といいますのは、もともと国際間に紛争や対立がなければ、戦争の生ずる余地はないのでありまして、戦争というものは、なんらかの意味で国際紛争を解決する手段としての役割をもたないものはないといってよいからです。したがって、私の考えによれば、国際紛争を解決するための戦争や武力の行使や武力による威嚇《いかく》を放棄するというのは、すべての戦争を放棄するということを意味していると解さざるを得ないのです。

かりに政府のような見解にたつとしましても、第二項では、国際平和を誠実に希求し、戦争を放棄するという第一項の目的を達成するために、いっさいの「戦力」をもたないし、「国の交戦権」も認めない、といっています。だから、第九条が、自衛戦争や自衛力を認めているということにはならないわけです。

あらゆる戦力の不保持

「戦力」というのは、戦争を行う能力をもった陸・海・空の軍隊またはそれに準ずるような組織をさします。国内の治安を守ることを目的とする警察力は、戦力にはあたりません。いまの自衛隊は、その目的や装備などの点からみて、ここで禁止されている「陸海空軍」にあたらないとみるのは、むずかしいでしょう。

「国の交戦権」を認めないというのは、国際法上交戦国としてもつ権利を否認することを意味するだけではなく、国家が戦争をする権利というようなものはおよそこれを主張し得ないということです。

いっさいの「戦力」をもたず、「国の交戦権」も認められないということになりますと、自衛のための戦力の行使もできないことになることは、明らかになったでしょう。

平和と安全を維持する権利

憲法第九条は、このように、あらゆる戦争の放棄とあらゆる戦力の不保持とを規定しているのですが、そのことはただちに、わが国の自衛権そのものまでも放棄したということを意味するものではけっしてありません。およそ独立の国家として存在する以上、自国の平和と安全を維持し、その存立をみずから守るということは、その国固有の権利であるといってよいでしょう。しかし、そのために戦力に頼るということは絶対にしない、というのが日本国憲法の根本の考え方です。

日本の国を守

現在、世界の各国は、まだそれぞれ軍備を有し、核兵器さえそなえ

り世界平和に寄与するみち

て、それによって自国の安全を保障しようとしています。しかし、わが国は、どこまでも「平和を愛する諸国民の公正と信義に信頼して、われらの安全と生存を保持しよう」という態度を堅持しているのです。ここまでおもいきって定めた憲法は、まだ世界のどこにもありません。

四　法のもとの平等

天は人の上に人を造らず、人の下に人を造らずと言えり。
——福沢諭吉

人間平等の思想は、自由の思想とともに、民主政治に不可欠の前提をなすものです。平等の確立なくして民主政治というものはあり得ないからです。

平等は民主政治の大前提

平等ということは、近代諸国の憲法に共通の大原則のひとつです。明治憲法もその原則を認め、日本国民は「均《ひと》く」公務に就くことができると定めていました（明治憲法第一九条）。もっとも、それはけっして徹底したものではなかったのです。貴族というような特権のある身分が、憲法で認められていました。とりわけ、男女の平等は、まったく認められていませんでした。

あらゆる個人

日本国憲法は、第一四条で、はっきり、その原則を認め、「すべて

を平等に尊重

国民は、法の下に平等であつて、人種、信条、性別、社会的身分または門地により、政治的、経済的または社会的関係において、差別されない」と定めています。貴族や華族の制度は、もちろん廃止されました。男女の差別待遇も、もう許されません。

不合理な差別の禁止

「法の下に平等」であるというのは、法律上の差別が禁止されるという意味です。つまり、法律上、差別待遇をしてはならないという意味であって、人種を異にするとか、宗教が違うとか、あるいは女であるとか、家柄が悪いとかいうようなことを理由として国民を法律的に差別してはいけないという意味です。だから、たとえばキリスト教徒は大学の教授にしないとか、ある家柄の人は特別に議員にするとかというようなことは絶対に許されないわけです。

法の下の平等

しかし、法の下の平等の原則は、その文字どおりの意味において、

は絶対的平等を意味しない

法律上のあらゆる差別を絶対に許さぬという趣旨ではありません。人間にはそれぞれにその能力に違いがあり、本人の能力の違いに応じて違った取り扱いをするということは、かならずしも悪いものとはかぎりません。たとえば試験を受けて落第した者は公務員には採用しないというのは、少しも差し支えありません。しかし、人種とか、宗教とか、男女の性とか、家柄とかという、本人の能力と関係のない理由で差別することは、絶対に許されません。憲法が差別を禁止する趣旨は、民主主義の理念からみて不合理と考えられるような理由、とりわけ、本人の能力と関係のない先天的な理由にもとづく差別を禁じようというのです。

合理的な差別は許される

法の下の平等は、各人を絶対に無差別に取り扱うべきことを要求するわけではありません。日本国憲法は男女の差別待遇を強く禁じて許さないこととし、完全な男女同権を認めています。それはしかし、男子と女子とをどのようなばあいにも機械的に同じように取り扱うべきことを意味するわけではありません。男子と女子との生理的な違いというものを考慮して、女子にたいしてある種の特別の保護的取り扱いをすることは、「性別」による差別といえるかもしれませんが、もとより法の下の平等に反するわけではありません。女子であるからといって賃金を低くしてはいけませんが、女子の特殊な生理的な事情にもとづいて産前産後の休暇や生理休暇を認めることをもって、男女同権の原理に反するという人は、どこにもいないでしょう。これらが法の下の平等に反しないことは、明らかです。

家庭生活における平等

「性別」による差別の禁止については、憲法は格別の注意をはらっており、このほかにも、家庭生活における男女の平等については憲法

第二四条に「個人の尊厳」とともに「両性の本質的平等」を原則とすべきことが定められ、また選挙における男女の平等については憲法第四四条に規定があります。

人間としての価値の尊重

国民各人は、肉体的・精神的にそれぞれ異なる特質をもっていても、人間としての価値に変わりはないわけですから、社会生活のすべての面で、あらゆる個人を平等に尊重しなくてはなりません。個人の尊重と平等の確保は、わが憲法の理想とするところです。

五　基本的人権

人間が専制と圧迫とに対する最後の手段として反逆に訴えざるをえないようになるのを防ぐには、人権が法の支配によって保護されることが大切である。

——世界人権宣言・前文

人権宣言の核心は、国家権力から国民、とくに少数者の権利・自由を守ることにあります。

——芦部信喜

日本国憲法は、いうまでもなく、基本的人権の確立をその何よりの目的としています。

ポツダム宣言の強い要請

ポツダム宣言は「言論、宗教および思想の自由ならびに基本的人権の尊重は確立せらるべし」と言明して、国民の権利や自由を重んずべきことをつよく要請しましたから、日本国憲法は、その点には特別に重きを置き、その第三章を「国民の権利および義務」と題して、国民の基本的な権利や自由について非常に詳しく定めました。

人間が生まれながらにしてもっている権利

憲法は、まず、第一一条に、「国民は、すべての基本的人権の享有《きょうゆう》を妨げられない。この憲法が国民に保障する基本的人権は、侵すことのできない永久の権利として、現在および将来の国民に与えられる」

と定め、また、第九七条にも国民の基本的人権は「現在および将来の国民に対し、侵すことのできない永久の権利として信託されたものである」といっています。つまり、国民各人は国家権力によってそれを奪ったり制限したりすることのできない永久の権利をもっているというのです。これが人間が生まれながらにしてもっている権利、すなわち基本的人権です。日本国憲法は、これを確認し保護することを、明らかにしています。そこには身体の自由や、言論の自由や、宗教の自由や、そのほかいろいろな自由がとりあげられています。

明治憲法になかった権利

日本国憲法の保障する権利や自由は、明治憲法のそれにおけるより、その範囲がはるかにひろくなりました。健康で文化的な最低限度の生活を営む権利（第二五条）、教育を受ける権利（第二六条）、勤労の権利（第二七条）、労働者の団結権（第二八条）、それに職業選択の自由

（第二一条一項）や、学問の自由（第二三条）の保障などは、明治憲法にみることのできなかった規定です。

権利のうえに眠ってはならない

基本的人権は、国民各人が人間として生活するために当然もっていなければならない権利ですが、人類は、むかしから現実にそれらの権利をもっていたわけではありません。それらの権利を現実に獲得し、維持するためには、なみなみならぬ努力を必要としたのです。ことに、西ヨーロッパやアメリカにおいて、その一つ一つを闘いとるまでには、じつに長い歴史と大きな犠牲がはらわれ、その結果として、ようやくそれらを現実に享有《きょうゆう》し得るようになったのです。

憲法第九七条にいうとおり、基本的人権は、「人類の多年にわたる自由獲得の努力の成果」であり、かつ「過去幾多の試練に堪え」てきたものだということができます。したがって、国民はこうして闘いとられたこれらの貴い遺産を、どこまでも大切に保持していかなくてはなりません。「侵すことのできない永久の権利」だからといっても、いたずらにそのうえに眠っていると、いつでも侵される危険がありま す。だから、「国民の不断の努力によつて」保持していくことが、何よりも肝心です（第一二条）。

自由権から生存権へ

基本的人権の保障は、はじめは、主として、国家権力を抑えることによって国民の自由を確保するものとして生まれました。ところが、そうして得られた自由の世界は、十九世紀から二十世紀にかけて経済社会を各人の自由に放任したために、そこにかえって低賃金や貧困、失業や労資の対立、疾病などの社会問題すら生みだすようになりました。そのため国家権力を抑えることによって国民の自由を保障するというにとどまらず、さらにすすんで社会的な見地から国家による積極的な干渉、社会的弱者にたいする保護への要求が要請されるようになったのは当然です。

こうした背景のもとに、二十世紀の憲法には、生存権や労働権といった社会権の保障に重きが置かれるようになりました。そこに人類の多年にわたる努力の成果がはっきりあらわれているといえましょう。

国民をはなれて国家なし

憲法が基本的人権を保障するのは、いうまでもなく、個人の人格を尊重するからです。日本国憲法も、「すべて国民は、個人として尊重される」（第一三条）といって、このことを認めています。いままでは、ともすると国家や全体の価値を強調するあまり、個々人の人格を軽視するきらいがありました。けれども、個々の国民をはなれて、国家や全体というものがあるはずのものではありません。そこにいままでの極端な全体主義にたいする反省が示されているのです。

国民の自覚と責任

こうして個人を尊重することは、個人の権利や自由を確認し、これを最大限に保障することになるのは当然のことだといわなくてはなりません。しかし、憲法が、かように基本的人権を保障するのはもちろん個人を尊重するからですが、それが同時に、社会公共の福祉に役立つものであるからです。したがって、国民もその権利や自由を行使するときは、なるべくそれが社会公共のためになるように行使しなくてはなりません。「国民は、これを濫用《らんよう》してはならないのであつて、常に公共の福祉のためにこれを利用する責任を負う」（第一二条）というのは、この意味です。たとえば、言論の自由が保障されているからといって、他人の人格を傷つけるような悪口をいうことは許されないことですし、伝染病にかかった人が居住移転の自由を主張すれば、他の人の生命や自由がおびやかされることになるのはいうまでもないことです。憲法が保障する基本的人権は、国家権力をもってしても侵すことのできない絶対的なものとして保障されていますが、言論の自由も、居住移転の自由も、他人の権利や自由を侵したり、公共の福祉をみだすことまで認めるものではありません。

人権の調整原理

憲法にいう「公共の福祉」とは、人権と人権との衝突《しょうとつ》を防ぎ、憲法が保障する人権が、すべての国民にひとしくかつ合理的に確保されるための原理であり、人権と人権との調和をたもつ公共的利益を意味する、と考えてよいでしょう。

国の責務

日本国憲法は、すべての個人の人格を認め、各人に同じように権利を保障することを狙いとしています。そこで国家機関にもまた、憲法で保障する基本的人権は、公共の福祉に反しないかぎり、立法その他国政のうえで最大限の尊重をすべきことがつよく要請されているのです（第一三条）。

国民の心に人権の思想を

こうみてくると、日本国憲法は、どこまでも国民個々人を個人として尊重しつつ、公共の福祉との調和をはかるという立場にたっているといえそうです。基本的人権の保障をたんなる紙の上の文字だけにおわらせないためには、やはり、国民の心のうちに人権の思想を深く刻みこみ、国家権力の濫用《らんよう》をきびしく監視しつつ、人権の確立にむかって不断の努力をつづけなくてはならないでしょう。

六　天皇

天皇がなんら神秘的な存在でなくなったということは、もはや国民の自由な批判を許さないどんな権力も存在しないということにほかならない。

――鵜飼信成

国民の総意にもとづく象徴天皇の誕生

日本国憲法は、その第一条で、「天皇は、日本国の象徴であり日本国民統合の象徴である」と定め、その地位が、「主権の存する日本国民の総意にもとづく」ものであることを明らかにしています。

明治憲法では、天皇という制度は天皇の先祖である神の意思にもとづくものであり、したがって、それは国民の意思とは関係のない神聖不可侵なものとされていました。しかし、国民主権を基調とする日本国憲法のもとでは、天皇の地位は「主権の存する日本国民の総意にもとづく」ものとされたのです。

明治憲法では、天皇はまた「統治権の総攬《そうらん》者」であり、かつ「国の元首」として非常に広範な政治上の力をもっていましたが、日本国憲法はこの点に根本的な修正をほどこし、天皇は「象徴」としての地位をもつにすぎないものとされました。象徴というのは、抽象的または無形的なものを現実に表現するために用いられる具体的または有形的なものというほどの意味であって、天皇が「象徴」だというのは、天皇の存在自体が、日本国および日本国民統合という無形の観念を具体的に表現する役割を果たすことが期待されているという意味です。

天皇は国政についての権能をもたない

　日本国憲法では、天皇はもはや統治権の総攬者ではありません。天皇は、憲法でとくにはっきりとその権能に属するものときめられた権能以外の権能は、まったくもっていないのです。日本国憲法第四条に「天皇は、この憲法の定める国事に関する行為のみを行い、国政に関する権能を有しない」とあるのは、この意味です。

天皇の権能は

　憲法が天皇の行為と認める「国事に関する行為」というのは、政治

政治に関係のない儀礼的・名目的な行為にかぎられる

に関係のないものにかぎられています。具体的には第六条と第七条に列記されていますが、それらはいずれも国の政治を実際に動かすというようなものではありません。それらは天皇みずから自己の意思にもとづいて行うものではなく、内閣や国会など他の国家機関が決定したところを公式に外部に表示するにすぎない行為です。

たとえば、内閣総理大臣の任命は天皇の権能に属する行為とされていますが、だれを内閣総理大臣にするかはじつは国会の指名で決定されるのであって、天皇はただ国会の指名にもとづいてその人を形式的に任命するだけのことです。このほか最高裁判所長官の任命とか、国会の召集とか、衆議院の解散とか、これだけちょっとみると高度に政治的な性質をもつと考えられるような行為がありますが、そのいずれも天皇の行為がなされる前に、国会なり内閣なりで、その行為についての具体的・実質的な決定がなされているのです。ですから、天皇の行為は、ただそれを外部に表示するだけのきわめて儀礼的・名目的な行為であるにすぎない、といってよいでしょう。

内閣の同意のもとにたつ天皇

天皇は、このように、ごくわずかな国事に関する権能しか与えられていないわけですが、天皇のすべての権能の行使には、つねに「内閣の助言と承認」を必要とします（第三条）。「助言と承認」というのは、同意の意味です。つまり、天皇は、内閣の意見にもとづいてその権能を行使すべきだということであり、天皇は、けっして、内閣の意見に反する行為をすることはできないということです。

天皇は実際政治についての責任を負わない

天皇が、すべて内閣のきめたとおりに、まったく機械的にその権能を行使するからには、その責任は、内閣が負わねばならぬことは、当然でありましょう。憲法がとくにそのことを規定しているのは（第三条）、結局のところ、天皇は、実際政治においては、いかなる責任も負わないこと、すなわち、政治的無答責を明らかにしたものと解せざるを得ません。

七　国会

元来議会なるものは、言論を戦わし、事実と道理の有無を対照し、正邪曲直の区別を明らかにし、もって国家民衆の福利を計るがために開くのである。

――尾崎行雄

議会によって民主政治を実現

議会制度はもともとイギリスで生まれたものですが、十八世紀のおわりから十九世紀にかけて、それが世界の国々に普及し、いまでは世界のほとんどすべての国の憲法が例外なく議会の制度を定めています。すなわち、議会によって国民の意向にもとづく政治を行い、民主政治を実現しようとしています。

日本国憲法も、衆議院および参議院の両院で構成される議会を設けています。日本国憲法では、これを「国会」と呼んでいます。これによって民主政治を行おうというのです。憲法は国民主権主義を採用しており、国民は日本の政治の主人公になったのですが、多数の国民が直接に政治に参与することは実際問題としてできません。代表者を選んで政治を行わなくてはなりません。そこで、どうしても国会が必要になるわけです。

国会は国民代表の機関

国会は、いうまでもなく、主権者たる国民を直接に代表する機関です。憲法は、国会を国権の最高機関だと定めています(第四一条)。国会が、「国権の最高機関」だというのは、国会議員が主権者たる国民によって直接に選任され、したがって、国会は国民を直接に代表する国家機関だ、という意味です。したがって、「最高」というのは、主として政治的意味においていうので、法的に国会の意思が他のすべての国家機関の意思に優越するという意味ではありません。

議員は選挙区の代表ではない

国会議員は各地で選挙されるわけですが、どこで選挙されようと、議員はその選挙区だけを代表するものではなく、あくまで国民全体を代表するものなのです。たとえば、熊本県から選挙された議員は、けっして熊本県だけの代表者ではなく、日本国民全体の代表者です。議員は、ですから、全国民のために、その任務をしっかりと果たさなくてはなりません。そのために、議員には、発言や表決の自由など、いろいろな特典が認められています（第五〇条、五一条）。

国会中心の政治

明治憲法では、天皇が最高機関の地位にあり、帝国議会は天皇の行動を「協賛」する機関とされていたのですが、日本国憲法は、国会をもって「最高機関」と定め、明治憲法のもとで行われていた「天皇中心の政治」を改めて、「国会中心」にしたのです。

法律は国会だけでつくられる

憲法は、国会を国権の最高機関であるとともに、国の唯一の立法機関だと定めています（第四一条）。国会が「国の唯一の立法機関」だというのは、国会が国の立法権を独占するという意味です。つまり、国会による立法以外の立法は、原則として、認められません。また国会の立法権は完結的なものであって、他の機関がこれに参与する必要はないわけです。「唯一」というのは、ただ一つでという意味で、ほかにはないということです。明治憲法では、法律が成立するためには、帝国議会の協賛と天皇の裁可が必要でしたが、日本国憲法では、法律は国会がひとりでつくるのであって、天皇の裁可も、内閣の承認もいりません。こうすることによって、民主主義の原則を徹底したものにしています。天皇は法律を公布する役目を負っていますが、公布というのは、国会のつくった法律をそのままひろく国民に知らせるだけのことです。

大きな国会の権能と責任

国会は、「立法機関」ですが、その権能は、かならずしも、立法だけではありません。予算の議決も、国会の大きな権能です。条約を結ぶときも国会の承認が必要です。内閣の行う行政についても、国民に代わって見張りをする権能をもっています。

こういうわけで、日本国憲法の国会は、明治憲法の帝国議会にくらべて、はるかに大きな力をもっています。それだけに、その責任は、はなはだ重い、といわなくてはなりません。だから、国会議員の選挙は、民主政治にとって、きわめて重要です。

八　選挙

選挙を知らない民主制国家はない。

——宮沢俊義

民主制においては、生まれながらの国民代表はなく、選ばれた国民代表だけがある。

——H・クリューガー

民主政治の生命線

選挙という制度は、すでに幕末に日本にも伝えられ、明治憲法のもとでも、国民はたえず選挙の経験をつんできました。しかし、国民主権主義にもとづく日本国憲法のもとでは、その果たす役割は、これまでとはくらべものにならぬほど増大したといえるでしょう。選挙とは、民主政治の生命線だということができます。

日本国憲法のもとでは、国会議員はもとより、地方議会の議員も、それから地方公共団体の長も、すべて公選されることになりました。そこで憲法は、選挙の重大性にかんがみ、とくに、次にのべるような選挙の公理ともいうべき基本原則を定めています。

制限選挙から

その第一は、普通選挙の原則です。憲法は、「選挙については、成年者による普通選挙を保障する」（第一五条三項）と定めています。選挙を行うばあいには、財産や教育に関係なく、かならずすべての成年者に選挙権を与えなくてはならぬということです。はじめは、どこの国でも、選挙権を無産者には与えず、ある程度の有産者だけに与えていました。これを制限選挙といいます。ところが、無産勤労者階級の勢力がつよまるにつれて、だんだんと普通選挙を求める声が高まってきました。とりわけ、第一次世界大戦のあとで、普通選挙は、世界の大勢となり、現在では、世界を通ずる選挙の公理ともいうべきものになりました。世界人権宣言も、選挙は、普通選挙でなくてはならない（第二一条）と言明しています。

普通選挙へ

女子にも選挙権を認めることは、徹底的な法の下の平等の原理に立脚する日本国憲法のもとでは、普通選挙の原則に当然のことであると考えられるようになりました。

平等選挙

憲法の保障する選挙の原則にはなお、平等選挙の原則があります。各選挙人の選挙権について、その価値が平等とされる選挙を平等選挙といい、そうでない選挙を不平等選挙といいます。選挙人をその納税額の大小によっていくつかの等級にクラスわけをしたり、選挙人のうちに複数の投票をもつ者を認めるような制度は、不平等選挙といえるでしょう。平等の理念をかかげる今日の民主政治で、このようなものを認める余地のないことは、いうまでもありません。いまではすべての国民がひとしく選挙に参加し、なんびとの投票も平等の価値が認められる完全な「一人一票」(公選法第三六条)の原則が確立されています。

秘密選挙

かように、選挙は普通選挙であり、平等選挙でなくてはなりませんが、今日の選挙は、さらにすすんで、秘密選挙であることが要請されています。秘密選挙とは、選挙において、投票がだれによって投ぜられたかを秘密にしておくことをいいます。日本国憲法第一五条はその第四項前段でこの原則を宣言して、「すべて選挙における投票の秘密は、これを侵してはならない」と定めています。個々の有権者が、だれに投票したかを秘匿《ひとく》させることによって、自由にその本心にもとづいて投票できるようにすることを担保するためです。こうした「投票の秘密」、すなわち、秘密投票の原則については、まったく批判がないというわけではありませんが、経済的・社会的に弱い地位にある有権者のほんとうの声を知るための手段としてそれが大いに役立つことは、諸国の長年の経験によってすでに証明されているところであって、今日では、どこの国でも、秘密投票を選挙の公理として認めています。

どこまでも自由な一票を

また有権者の自由をどこまでも守るために、憲法は、秘密投票の原則のほか、「選挙人は、その選択に関し公的にも私的にも責任を問われない」(第一五条四項後段)としています。だから、有権者は、だれに気がねすることもなく、自分自身の判断で自由な一票を投ずることができるわけです。

九　政党

現代国家において何百万もの選挙民を政治的活動能力のある集団にまとめる可能性をもつものは、政党をおいてほかにはない。政党は、成年に達した国民が政治的決定をくだし、自己の見解をはっきりと主張するために利用しうるメガフォンである。

——G・ライプホルツ

民主国家においてはいずれか一つの政党を支持することは国民の義務である。

——G・ラートブルフ

政党は民主政治に不可欠

政党敵視の時代は去った

今日の議会民主政治においては、政党は欠くことのできない存在です。政党というのは、政権を獲得し、国家の重要な政治的決定に影響を与えるために、同じような意見をもつ市民が集まってつくった団体のことをいいます。

わが国では明治十四年に自由党ができて以来、政治の舞台に有力な政党が現れ、現実政治において、たえず重要な役割を果たしてきました。しかし、明治憲法もそのもとでの法律も、どちらかといえば政党を敵視ないしは無視するという態度をとり、警察上の理由などにより、治安維持法その他の法律をもって、これを取り締まろうとしていました。それは、政党というものは、自分たちの意見や利益ばかりをいいはり、政府のいうこともきかない集団で、むしろ国の政治を危険におとしいれるものだとみなされていたからです。これは大変な間違いだといってよいでしょう。

民主主義の原理にもとづいて国の政治をやっていくには、国民全体が、そのいだいている意見や考えを自由に発表し、おたがいに話し合ってきめていかなければなりません。

政党の役目は大きい

そこで政党はまず国民のいろいろな意見を大きくまとめる役目を果たします。国民の意見は、人によってずいぶん違っていますが、政党はそれを一定の方向にまとめ、世論を形成する役目を果たします。そればかりではありません。国民が政治的生活に積極的に参加することをうながすという重要な役目もつとめます。そしてさらに議会や政府における問題の政治的発展に多大の影響を与え、国民と国家機関とのあいだの継続的な結合をうながす媒介的な役目も果たします。ですから、政党なしにはもはや今日の民主政治は十分には機能しないといってもよいでしょう。イギリスのジェイムス・ブライスという学者は、『近代民主主義』という本の中で、「何人も、いまだ政党なき代議政治の運転が可能であることを示してはいない」と書いています。まさにそのとおりで、政党なしにも民主政治が可能だというのは、まったく政治の実際を無視した考えというほかはありません。

憲法にその地位を占めるまでになった政党

こういうわけで、第二次大戦後の諸国の憲法では、政党というものを憲法に規定し、その地位や機能を明らかにするようになりました。その中でも、現在のドイツ憲法や、フランス第五共和制憲法がとりわけ有名です。

日本国憲法は政党についてはまだ真正面から規定するところまでは

政党によって国会に国民の意思はとどけられる

いっていませんが、集会、結社および言論、出版その他いっさいの表現の自由を国民の基本的人権として保障し（第二一条一項）、そこで政党の発生を当然のこととして予想しているといってよいでしょう。そこには、明治憲法時代にみられたような政党にたいする敵視ないしは無視の態度は、もはやまったくみられません。したがって、最高裁判所も、「政党は議会制民主主義を支える不可欠の要素」であって、「国民の政治的意思を形成する最も有力な媒体《ばいたい》」だとのべています（最高判昭四五・六・二四）。

いまの日本には、人の知るように、少なからぬ政党がありますが、どの政党も政治上の意見をもち、国会の選挙のあるごとに、自分の党から議員の候補者をだし、なるべく多くの議員を国会に送りだそうとつとめます。そこで国民は、この政党の意見をよく検討し、自分が最もよいとおもう政党の候補者に投票すると、自分の意見がそれだけ政党を通して国会にとどくということになります。

このようにして、選挙のたびごとに、国会により多くの議員を送りだした政党によって国の政治が動かされるということになります。これは、とりもなおさず、今日の民主政治が政府や議会の牛耳をとる政党を基盤として成りたっているということを意味します。したがって、現代の議会民主政治は、実際には、政党政治であるといってよいでしょう。

議会政治は政党政治

このように政党を基盤として成りたつ民主政治の形態を、ゲルハルト・ライプホルツは、「政党国家的民主制」と呼び、そこでは、ルソーの「一般意思」すなわち国民全体の意思は、政治的現実においては、政党により形成されると説いています。それは、きわめて注目に値する政党論といってよかろうとおもいます。

十　参議院の存在意義

もし第二院が第一院とことごとく意見を異にするならそれは有害であり、つねに同じならそれは無用である。

——E・シェイエス

日本国憲法は、「国会は、衆議院および参議院の両議院でこれを構成する」（第四二条）として、両院制を採用しました。そして、衆議院も参議院も、ともに国民から選挙された議員で組織されています（第四三条一項）。

衆議院と参議院

憲法は国会を両院制としたのですから、国会の意思が成立するためには、衆議院の意思と参議院のそれとが合致することが必要です。しかし、衆議院は、参議院よりも強い権力をもち、一定のばあいには、衆議院の意思だけで国会の意思が成立する可能性が認められています（第五九条―六一条）。

「理の政治」

それではなぜ、二院制をとることにしたのでしょうか。それにはむ

によって「数の政治」を補正

ろん理由があります。それは何かといいますと、一院だけでは満たすことのできない欠点を補完し、一院がともすれば陥りがちな欠陥を補正し、議会の機能をより適正なものにしようということです。いかに選挙制度に工夫をこらしてみても、一院のみによって主権者たる国民を完全に代表し、その意向をすべて正しく反映するということは、どこまでも理想であって、現実にそれを期待することは実際問題としてなかなかむずかしいからです。

また、国会における議事の多数決主義は、民主的な議会運営の動かしがたい鉄則ではありますが、その精神をよくのみこんでいないと、多数決主義は、ややもすれば多数党の私情ともいうべき横暴や、さもなくば、政党間の安易な妥協をまねきやすく、かならずしもつねに理に即した正しい結論を生むとはかぎりません。

衆議院への抑制

そこで、このような欠陥を補正し、国会に国民の代表者としての役割を十分に果たさせるためには、衆議院のほかにもうひとつの議院として参議院を設け、国会の活動の過程で衆議院の行動を批判する役目を与え、もしも衆議院の行動が軽率と認められるばあいには、警告を発し、これを抑制するしくみを設けるのがよい、と考えられたわけです。

高い知識と広い識見が必要

結論的にいえば、憲法は参議院に抑制と均衡《きんこう》の機能を期待している、といえるでしょう。参議院には解散がなく、議員の任期も衆議院よりは長いし、それだけに、より専門的知能を集めて、「理の政治」を行うことができるわけですから、衆議院に助言や警告を与える役割が期待されていることは間違いないとおもいます。したがって、参議院がその期待された機能を果たしていくには、とりわけ、高度の専門的知能と広い識見をもつ議員が選出されなくてはなりません。

参議院らしさを

しかし、これまでの実際を見てみると、参議院の政党化がすすみ、「小型の衆議院」化する傾向さえ示しています。念のためにことわっておきますが、私は参議院に政党ができることをいけないといっているのではありません。それは、きわめて自然な現象です。言論の自由が認められ、政治結社の自由が認められるところでは、政党が生まれることは、社会学的必然であるといってよいでしょう。前にものべましたように、民主政治においては、政党は不可避です。

ただ、私の言いたいのは、参議院の政党化のために、参議院の存在理由がそれだけ弱められる恐れがあるとすれば、そのことが憲法の期待に反することは、明らかだということです。だから、参議院では、議員も政党もつねに独自の立場から、衆議院での政党とは関係なしに、参議院らしく行動すべきであろうとおもわれます。

十一　内閣

内閣は一枚岩であり、連帯性をもっている。内閣は、その指導者である首相と運命をともにする。

――K・レーヴェンシュタイン

明治の内閣制度

わが国で、はじめて内閣制度が設けられたのは、明治十八年のことですが、明治憲法の制定後も、それは憲法上の制度ではありませんでした。明治憲法は、ただ、各国務大臣が天皇を輔弼《ほひつ》してその責に任ずると定めていたにすぎず、内閣制度は、天皇の勅令である内閣官制にもとづいて運用される機関にすぎなかったのです。

行政権は天皇の手からはなれて内閣に

明治憲法では、行政権の主体はどこまでも天皇であり、内閣はその天皇にただ助言するという職務をもつにすぎなかったのです。

日本国憲法では、行政権は天皇の権能ではなく、もっぱら内閣の権能とされています。日本国憲法は、その第六五条に「行政権は、内閣に属する」と規定して、内閣が行政権の主体であることを明示しています。行政権というのは、国会がつくった法律を実地に動かしていく仕事のうちで、裁判所の行う司法権以外のものをいいます。

内閣総理大臣は国会の指名できめられる

内閣は、内閣総理大臣と、そのほかの国務大臣とで組織される合議体です。「内閣総理大臣」は内閣の長であって、内閣全体をまとめていく重要な役目をします。そこで、内閣総理大臣にだれがなるかということは、きわめて大切なことです。憲法は、内閣総理大臣は、国会議員の中から、国会が指名し、それを天皇が任命することにしています。ただ天皇の任命はまったくのかたちだけであり、実際からいうと国会が内閣総理大臣をきめるのです。国会できめるばあい、衆議院と参議院とで意見が違い、まとまらないときは、衆議院の意思が国会の意思となりますから、結局は、衆議院で多数を占める政党の党首が内閣総理大臣になるのが通例です。

内閣総理大臣がきまりますと、「国務大臣」は、内閣総理大臣が任命します。したがって、国務大臣には、内閣総理大臣の属する政党の有力者が選ばれるのが普通です。憲法は、国務大臣の半数以上は国会議員でなくてはならないと定めています（第六八条）が、実際には、ほとんどが国会議員の中から選ばれるのが通例です。

国務大臣は総理大臣によってきめられる

内閣総理大臣は、国務大臣を任命するばかりでなく、これを自由に罷免《ひめん》することができるのです（第六八条二項）。その結果、内閣総理大臣の地位は非常に強いものになり、国務大臣は、内閣総理大臣の権力の下にたつ傾向があります。

非常に強い総理大臣の地位

内閣総理大臣や国務大臣は「文民」でなくてはなりません（第六六条二項）。文民とは、英語のシビリヤンズのことで、軍人でない人をいいます。

軍人でない人が大臣に

行政権の行使については連帯責任

内閣は、国の行政権を行うにあたって、国会に対して、「連帯して責任を負う」のです（第六六条三項）。連帯責任とは、個々の国務大臣が自分に関係のある問題についてだけ個別的に責任を負うという意味ではなく、総理大臣と国務大臣のすべてが一体となって責任を負うことです。内閣が国会にたいして責任を負うということは、すなわち、国会を通じて、国民にたいして責任を負うということです。

衆議院の信任が在職の要件

内閣は、衆議院の信任を在職の条件とされており、衆議院で不信任決議案を可決され、または信任の決議案を否決されたばあいには、十日以内に衆議院を解散して国民に信を問うか、または総辞職するか、しなければなりません（第六九条）。

このように、日本国憲法の内閣は国会の信任のもとに成りたってお り、内閣は国会、とりわけ衆議院の力で動かされることになっています。つまり内閣は国会のコントロールのもとにあることになりますから、これを「議院内閣制」と呼んでいます。

内閣は国民のコントロールのもとにたつ

日本国憲法がこのような議院内閣制をとったのは、要するに、行政権の主体としての内閣の組織や活動を国会、ひいては国民のコントロールのもとにおくことを狙いとしている、といってよいでしょう。

十二　裁判と司法権の独立

裁判所は国民の権利を擁護し、防衛し、正義と衡平とを実現するところであって、封建時代のように、圧制政府の手先になって、国民を弾圧し、迫害するところではない。

——三渕忠彦

政府や議会とは独立の裁判所

日本国憲法は、三権分立主義の原則のもとに、立法権を国会に、行政権を内閣に属せしめるとともに、すべて司法権は、国会および内閣から分離された独立の裁判所に属することを明らかにしています（第七六条一項）。

司法権というのは、具体的事件について法律上の争いがあるばあいに、これを法律に照らして明確にするために行う裁判の作用をいいます。裁判という行為じたいは、国家権力の発生とともに古くから生まれてきたものですが、近代以前にあっては、それが絶対君主の手中に握られ、公正な機関、すなわち君主の意のままに動かされることのない機関によって、慎重かつ公平に裁判が行われることを保障するという精緻な形態を与えられていなかったのです。いまではどこの国でも、政府や議会から独立の裁判所を設けて、公開の場で、法律による裁判が行われるように、憲法で裁判制度の基本的なあり方が定められるようになりました。

最高裁判所と下級裁判所

司法権を行う裁判所として、憲法は、最高裁判所と下級裁判所の二種を認めています（第七六条一項）。下級裁判所は、「法律の定めるところにより設置する」ものとされています。裁判所法は、下級裁判所として、高等裁判所、地方裁判所、家庭裁判所および簡易裁判所の四種を置くことにしています（裁判所法第二条一項）。

裁判官の職権の独立

裁判官は、裁判を行うにあたって、なんびとの命令に従う必要もなく、またなんびとの命令にも従ってはならないのです。憲法は「すべて裁判官は、その良心に従い独立してその職権を行い、この憲法および法律にのみ拘束される」と定め、そのことをはっきりと明記しています（第七六条三項）。これは、裁判官は、その職務である裁判を行うにあたって、憲法および法律に服するほかは、だれの指図も受けることなく、またーだれからも干渉されずに、まったく独立に自己の自主的な判断によって裁判をしなくてはならないことを意味します。この原則を、普通、司法権の独立といっています。

裁判官の身分の独立

司法権の独立を認める以上、裁判官の身分を保障し、裁判官がその意に反してむやみに身分を奪われないことにしておく必要があります。そうしておかないと、裁判官の地位が権力者の恣意《しい》によって動かされるようでは、いくら職務上の独立があるといっても、実際上、無意味になってしまうからです。そこで、どこの国でも、裁判官は、特別の理由のないかぎり、みだりにその意思に反して罷免《ひめん》されることのない地位が、憲法によって保障されているのです。

公の弾劾

日本国憲法は、すべての裁判官について、心身の故障のために職務をとることができないと裁判で決定されたばあいと、公の弾劾《だんがい》によるばあいのほかは、罷免されないことを保障しています（第七八条）。公の弾劾というのは、国会の両院議員で組織される弾劾裁判所が、裁判官としてはなはだふさわしくない行為があったとき、これを罷免するために裁判することをいいます（第六四条）。裁判官弾劾法という法律によると、国会の両院議員の中から選挙された訴追委員によって組織される裁判官訴追委員会が、「罷免の訴追」をすることになっています。そして、国民はだれでも、この訴追委員会にたいして罷免の訴追をするよう求めることができます。

国民審査

最高裁判所の裁判官については、そのほかに、任命後はじめて行われる衆議院議員の総選挙のさいに国民審査が行われ、国民審査の結果、罷免されることがあります（第七九条）。国民審査は、最高裁判所の裁判官の職務の重要性にかんがみとくに設けられたもので、実質的には裁判官のリコールを認めた制度なのですが、実際の運用では、これまでのところ国民審査で罷免された裁判官はひとりもありません。

毅然たる態度の裁判官

かように、憲法は、裁判官の身分を強く保障していますから、裁判官は、どのような重大問題についても、毅然《きぜん》たる態度でどこまでも自主独立に裁判することができるわけです。

十三　違憲法令審査権と最高裁判所の任務

違憲審査制は、わが国民主政治と国民の人権保障の最後の砦でありますだけでなく、違憲審査制の存在自体が、わが国の立法府・行政府はもとより、地方公共団体の機関を含めて、その違憲違法な活動に対する重要な予防的・抑制的機能を果たしていることも疑いのないところであります。

——田中二郎

憲法の番人として

憲法は、国の最高法規であり、国民の基本的人権を保障しているのですから、どこまでもその実効性が確保されなくてはなりません。もしも違憲の法令などによって憲法が侵されることにでもなれば、憲法による基本的人権の保障はその実質的意味を失い、「絵にかいた餅《もち》」になりかねません。そこで、日本国憲法は、その第八一条で、「最高裁判所は、一切の法律、命令、規則または処分が憲法に適合するかしないかを決定する権限を有する終審裁判所である」と規定し、最高裁判所をして、違憲法令の最終的審査権をもつ「憲法の番人」たらしめたのです。

具体的事件の

違憲法令審査権は、しかし、あくまで司法権の作用として裁判所が

裁判にあたって

具体的な事件を審理するにあたって行われることが前提とされています。たとえば、法律は国会でつくります。国会で憲法にあっていると考えてつくった法律でも、じつは憲法にそむいているということがあり得るわけです。しかし、だからといって、具体的な事件として裁判所にもちこまれもしないのに、裁判所が国会のつくった法律の違憲性をいきなり判断するということはできません（最高判昭二七・一〇・八）。すなわち、裁判所はあくまで具体的事件を審理するにあたって、その法律が憲法に適合しているかどうかをしらべ、もし憲法に違反していると判断したときには、その法律を違憲だと宣告することができるだけです。国会の多数がその力にまかせて憲法の精神にもとるような法律をつくるようなばあいには、それを裁判の過程で法的に防ごうというのが、この制度の狙いとするところなのです。

下級裁判所にも法令審査権

憲法は、最高裁判所の違憲法令審査権についてだけ定めていますが、そのことは下級裁判所の審査権を否定する趣旨ではありません（前掲最高裁判決）。下級裁判所の審査権を否定するのは、実際上の見地からいって、いかにも理由のないことです。事件がまず下級裁判所にもちこまれる以上、その事件を審理する裁判所がその事件に関連する法令の合憲性を審査することはきわめて当然のことだといってよいでしょう。もちろん、そこでの判断は最終的なものではなく、下級裁判所の判断が誤っていれば、結局は最高裁判所がこれを改めるでしょう。したがって、ある法律が憲法に違反するかどうかは、最終的には、最高裁判所の判断できまるということになります。

違憲法令の効力

最高裁判所において、法令の合憲性が審査され、違憲ときまれば、その法令は無効となります。判例および多数の学説は、違憲審査権は具体的事件を解決するための前提として認められたものだから、違憲判決の効力はその事件についてのみ生じ、その事件の処理にさいして違憲の法令を適用しないというだけであって、違憲の法令を無効とするものではない、と解しているようです。しかし、それでは、違憲の法令に服しないものと服するものとのあいだに不合理な不均衡が生じ、ひいてはすべての国民にたいして憲法を正しく適用することが、困難になってしまいます。したがって、法令を違憲ときめた判決は、その法令を客観的に無効とする効力をもつものと私は解しています。

憲法秩序と人権を守る砦に

私のみるところでは、最高裁判所は、これまでのところ、違憲審査の決定についてはきわめて消極的です。あまりに消極的にすぎると、憲法がとくに裁判所に違憲法令審査権を認めた意義が失われ、人権の救済に支障をきたすことになってしまうでしょう。最高裁判所がほんとうに憲法の番人としての重責を果たすには、憲法秩序と人権を厳然と守るためにその権能を適切に行うことが、何よりも必要です。

十四　地方自治

地方団体のなかにこそ、自由な人民の力が宿る。地方自治制が自由に対してもつ関係は、小学校が学問に対してもつ関係と同じである。

——A・C・トックヴィル

民主政治と地方政治

地方自治というのは、ごく簡単にいいますと、地方の政治をその地方に住む人たちが自分たちの手で行うということです。いうまでもなく、地方が治まってはじめて国全体が治まるわけですから、地方の政治は、国全体の政治の基礎となるものといえます。したがって、国の政治の民主化は、必然に、地方自治の強化を要請することになるわけです。イギリスとかアメリカとかスイスのように民主政治の先進国でとりわけ地方自治が発達しているというのは、きわめて当然なことといわねばなりません。

地方自治の憲法上の保障

明治憲法は、地方自治を憲法に規定することはせず、そのすべてを府県制・市制・町村制という法律の定めるところにゆずっていました。

だから、法律によってそれをどのようにでもすることができたのです。けっして地方自治を軽んじていたわけではないのですが、そこではまだ十分徹底してはいなかったのです。日本国憲法は、地方自治を育てあげることが絶対に必要であると考え、とくに一章を設けて「地方自治」を憲法で保障し、法律をもってしてもこれを改廃することができないものにしたのです。すなわち、地方自治を憲法上の制度として確立することによって、そのあり方を一新したのです。

地方自治の本旨

日本国憲法は、その第九二条で「地方公共団体の組織および運営に関する事項は、地方自治の本旨にもとづいて、法律でこれを定める」と規定しています。「地方自治の本旨にもとづいて」といいますのは、地方の政治や行政がその地方の人たちの意思にもとづいてみずからの手で行われるようにすべきだ、という意味です。もとより地方公共団体というものは完全に国から独立してあり得るわけのものではありません。しかし、いやしくも地方自治が認められるからには、これにたいする国のコントロールはできるだけ差し控えなくてはならず、府県や市町村の政治や行政はやはり、地域住民の意思を尊重しながら行わなくてはなりません。

地方公共団体の組織と権能

そのために、憲法は、地方公共団体にはかならず、住民から選挙される議会を設けなくてはならないと定めているのです（第九三条）。旧法時代にも、この地方議会の議員は大体は住民の直接選挙でしたが、都道府県知事や市町村長はそうではありませんでした。都道府県知事は国の官吏として中央政府から任命され、市町村を監督する任務を負っていました。その結果、地方行政には、中央集権的官治行政が強く食い込んでいたといえましょう。日本国憲法はこれを改めて、住民が直接に選挙することにいたしました。知事も市町村長もすべて住民がこれを選挙するというのは、いまでは憲法上の要求です。

また地方公共団体の権能もいちじるしく強化されました。憲法は、地方公共団体がその財産を管理し、一般的な事務を処理し、「行政を執行する権能」を有するうえに、「法律の範囲内で条例を制定することができる」と定めています（第九四条）。

自治の主体としての住民の自覚を

このように旧来の自治制は大きく変革され、首長や議会議員の公選をはじめ、地方分権と住民自治の原則が確立されたわけですが、その後の自治の運営やその実際の動きを見てみますと、かならずしも憲法の理念に則するものとはいえないようにおもわれます。最近、各方面から「地方の時代」の幕開けをつげる声が急速に高まりつつありますが、私のみるところでは、じつはまだ本当の地方の時代にはなっていないとおもいます。地方住民はまだまだ自治の主人公になり得ていないようです。自治体首長や議員の汚職、いつまでもあとを絶たぬ選挙の腐敗などは、そのことを何よりもよく示しているといえましょう。いまこそ住民みずからが地方自治の主体であるとの自覚を心に深く刻み込む必要があろうかとおもわれます。

十五　憲法尊重擁護義務

公務員のこの憲法に対する忠誠は、もはや天皇に対する忠誠ではなく、国民に対する忠誠にほかならない。

——佐藤　功

憲法の最高法規性の保障

憲法は国家で最も重要な、そのもとになる法ですから、あらゆる法規にもましてそれが遵守《じゅんしゅ》されなくてはなりません。憲法が踏みにじられるとしたら、法秩序の根底がゆらぐことになるからです。そこで、このような憲法の最高法規性を保障するために、日本国憲法第九九条は、「天皇または摂政《せっしょう》および国務大臣、国会議員、裁判官その他の公務員は、この憲法を尊重し擁護する義務を負う」ものと定めています。この規定によって憲法尊重擁護の義務が課せられているのは、直接または間接に政治権力の行使に関与する者でありますから、それだけにまた憲法を無視したり、破壊したりする可能性をより多くもつものであるといえるでしょう。したがって、これらの者にとりわけ憲法尊重

諸外国でも憲法への忠誠を期待

擁護の義務を強調すべきことが要請されたわけです。

近代諸国の憲法をみると、そこに多少の違いはありますが、日本国憲法第九九条と同じ趣旨の規定がみられます。たとえば、アメリカ合衆国憲法は上下両院議員、各州議会議員その他すべての行政官や司法官に憲法を支持すべき義務を課し（第六条三項）、また大統領には、その職務を忠実に遂行し、全力をつくして合衆国憲法を維持、擁護すべきことを要求しています（第二条一節八項）。そして、同様の例はワイマール憲法（第四二条）や第二次大戦後のドイツ憲法（第五六条、六四条二項）などにもみられます。

法の支配の思想に由来

こうして諸国の憲法を見てみると、そこには一つの共通の歴史的意味ないしは思想史的背景があるようにおもわれます。それは何かというと、要するに、治者といえども法の下にあり、法によって拘束されるという「法の支配」の思想です。日本国憲法第九九条も、このような思想的影響のもとにあるといってよいでしょう。

憲法の尊重を命ずるのは国民

ところで日本国憲法第九九条には、「国民」の義務は定められていないのですが、それは、けっして憲法を尊重擁護すべき国民の義務を否定しようとする趣旨ではありません。そもそも日本国憲法は、主権を有する国民の手によって確定された作品です。その憲法の遵守《じゅんしゅ》を命ずるのは、ほかならぬ国民です。すなわち、そこに国民がかかげられていない理由は、あくまで国民の信託によって権力を与えられ、その権力を行使する諸機関にたいして憲法を尊重し擁護すべきことを命じたものが、まぎれもない国民であることを示したものです。

尊重と擁護の意味

ここで、「尊重」というのは、憲法を遵守し、憲法の理念を実現するために努力することをいい、「擁護」とは、憲法への侵犯にたいして抵抗し、どこまでも憲法を防衛すべく努力するという意味です。ひとくちにいえば、要するに憲法の規定や精神をよく守らなくてはならぬということです。

きわめて強い道義的責任

しかしながら、この憲法尊重擁護の義務は、きわめて倫理的・道徳的な色彩の強いもので、そこからただちに法律的な効力が生ずるという性格のものではありません。特定の種類の公務員、たとえば人事官とか一般職の国家公務員とかについては法律でもって、この義務を具体化し、その不宣誓は弾劾《だんがい》事由や懲戒《ちょうかい》事由になり得るものとされているのですが、国務大臣などのばあいには、この義務が法律上の義務として具体化されていないのです。

国務大臣にはとくに重く

その結果、国務大臣などの義務違反にたいする根本的な対策としては、その政治的・道義的責任を厳しく追及することよりほかはないのです。それだからこそ、他の公務員におけるよりも国務大臣などにはとくに憲法を尊重し擁護すべきことがそれだけ強く要請されるのであって、国務大臣の憲法尊重擁護義務がきわめて重要な意味を有するゆえんは、まさにこの点にあるといってよいでしょう。

十六　憲法の改正とその限界

憲法の基礎に横たわると認められる原理は、動かしえない。それらの根本に触れるような憲法の変改は、憲法の破壊であり、憲法を超えた革命行為である。

——清宮四郎

重大な政治的意味をもつ改正

憲法の改正というのは、成文憲法の各条項に修正増補を加え、憲法を意識的に変更することをいいます。

憲法の改正はつねに重大な政治的意味をもつと考えられますので、成文憲法は、どこの国でもその改正をむずかしくしているのが通例です。普通の法律ならば議会の過半数の決議があれば、それで成立するのですが、憲法の改正にはそれよりも多かれ少なかれむずかしい特別の手続きを必要としているのです。すなわち、普通の法律よりもその改正をむずかしくして容易に変更することのできないようにしています。そうした憲法典を硬性《こうせい》憲法と呼び、これを普通の法律と同じ手続きで改正することのできる軟性憲法と区別しています。

憲法の安定性をはかる硬性憲法

日本国憲法も非常にかたい硬性憲法で、その改正については、第九章にとくに一章を設け、第九六条に、その手続きを定めています。すなわち、憲法の改正については、国会が「発議」し、国民の「承認」を経るものとしています。発議というのは、はじめていいだすことです。そのばあい衆議院と参議院のおのおので、それぞれの総議員すなわち現在議員の三分の二以上の賛成が得られないときは、国会の発議は成りたたないこととされています。このことは、三分の一より一人でも多くの議員が反対をすれば、憲法の改正は絶対になし得ないことを意味します。これによって、できるかぎり憲法の改正をむずかしくし、憲法の安定性を維持しようとしているのです。

国民の承認が決め手

国会の発議が成立し、国民に提案されると、こんどは、それにたいして国民が承認を与えることになっています。国民主権の考えからいいますと、憲法の改正権は、憲法の制定権と同じように、国民の手にあるわけですから、国会の発議した憲法改正を国民が承認するかどうかをきめなくてはなりません。そのために、とくに国民投票を行ってもいいし、また国会の定める選挙のさいに同時に投票を行ってもいいわけですが、いずれにせよ、国民の投票の過半数がそれに賛成したときにはじめて国民の承認があったことになり、そうでなかったばあいには、国民が承認しなかったことになります。

憲法改正を国民が承認すれば、それで憲法の改正はできあがったことになります。そうして、改正ができあがると、天皇は、国民の名で、この憲法と一体をなすものとして、ただちにこれを公布しなくてはなりません。

日本国憲法の改正は、このような手続きでなされるわけですが、そ

憲法の根底に

ある基本原理は変えられない

れでは、そこに定められた手続きをもってすれば、どのような内容の改正も可能なのかどうか、これは、ひとつの重要な問題です。この点についてもっぱら私の見解を簡単にのべますと、憲法の改正には一定の限界があるのではないかとおもいます。すなわち、憲法そのものの基礎ともなり、その根底ともなっている基本原理というものは、その改正手続きによって改正され得ないものとおもうのです。といいますのは、憲法改正手続きそのものが、もともと憲法の基本原理によってその効力の基礎を与えられているのですから、それが変えられると、憲法そのものの否定と同じ結果になるような基本原理を改正することは、論理的にいっても不能とされざるを得ないからです。

たとえば、国民主権の原理にたつ憲法が、その定める改正手続きによりさえすれば、その国民主権の原理そのものをも否定し得るというのは、はなはだしい背理《はいり》だといわなくてはなりません。国民主権主義や永久平和主義や基本的人権尊重主義は、わが国憲法政治の基本原理であり、これらの基本的諸原理は、第九六条の改正手続きによっても動かし得ないものと考えられます。

基本原理を変えるのは憲法の自殺

日本国憲法は、フランス憲法やイタリア憲法のように改正の限界を明文で定めてはいないのですが、これらの基本的諸原理というものを変更するというのは、明らかに憲法の破壊であり、またそれは憲法の自殺というべきでありましょう。だから、憲法改正には、性質上当然、一定の限界があるということを、はっきりと認めなくてはなりません。

十七　憲法の使命と運命

憲法は、それが民主主義を目標として掲げる憲法である以上は、主権者であり憲法制定者である国民のはたらきかけ＝参加なしには、存在も存続もなしえないものなのです。

——奥平康弘

日本国憲法の何よりの使命は、国民主権の原理にたって民主政治を行うことです。

憲法のレゾン・デートル

憲法は、国民のための政治を行うことを狙いとし、人間精神の自由や思想の自由、あるいは経済の自由など国民の基本的人権を尊重すべきことを命じています。そして、どこまでも平和で豊かな福祉国家の建設をめざしていることは、いまさらいうまでもありません。

憲法をこわす力から守ることが大切

憲法を尊重し擁護すべき義務をもつ権力者たちが、憲法のめざすこの高い理想を軽視したり無視したりするような政治を行うならば、社会生活の根底がゆらぐことになってしまいます。そこで、国民としては、この憲法が国民ひとりひとりの心の中に「政治を監視する基準」としてしっかりと根をおろしていることが必要です。憲法をこわす力から憲法を守るということが、国民にとって何よりも大切なことです。

憲法のゆくえを決するもの

最近の日本の政治動向を見ていると、憲法をねじまげようとする動きにさらされているという感じがするのですが、憲法のゆくえを決するのは、結局は国民なのです。これからの憲法がどうあるべきかは、国民が主権者としてきめるのだ、という自覚が必要です。

高い理想に導かれた憲法

国民のなかには、いまの憲法に不満なかたもありましょう。憲法の定めた高い理想は現実とは一致しない、私たちは誤ってこういう憲法をつくったのだから、やめてしまおう、という人があるかもしれません。どんな憲法にも不備な点はあり、どこの国にもいろいろな政治観がありますから、憲法についてさまざまな評価がありうるということは、否定しえない事実です。

この憲法は、占領下という不幸な状況のもとに生まれました。そこに憲法としての生いたちの弱さがあるといわなくてはなりません。しかし、率直にいって、その内容には誇るべきものがあると私は考えています。

社会の奥深くにある国民の意識

占領下にできたといいましても、憲法の制定は、そんなに軽率にできるわけではありません。それは、社会的な要求の結晶としてつくられたものであって、憲法に文字が記される前に、平和への願いや人権尊重の観念はやはり、社会的なものの考え方として国民の意識のなかにすでに奥深く存在していたとみるべきでありましょう。

平和と自由と人権が憲法の根本精神

国民主権を原理とし、平和と自由と人権を守ろうというのが、日本国憲法の根本精神です。これらは、憲法に書いたから生まれたのではなくて、多かれ少なかれ日本の国民のあいだにそういう芽生えがあったから書かれたのです。この憲法をつくるときも、総司令部の介入の前に、国民主権を基本原理にすえた、憲法研究会案があったことは、今ではよく知られているところです。

しかしながら、自由や権利というものは、いつまでも、それを必死になって守ろうとする努力によってのみ守られうるものであって、憲法に規定されたら自然にそこで人権が保障されるというわけではけっしてありません。

憲法の保障する自由や権利は、それを絶えず実現しようとする国民の「不断の努力」によって真実に保障されるものである、ということを忘れてはならないでしょう。もしも、自由を要求したり権利を主張したりする力が少しでも弱くなりますと、それがたちまち反対の力によってどこかにふっとんでいってしまうということは、疑いをいれないところです。

日本国憲法の前文で、「日本国民は、国家の名誉にかけ、全力をあげてこの崇高な理想と目的を達成することを誓う」といっているのですから、この貴重な誓いをしたことを、容易に忘れ去ることはできないでしょう。私たち国民は、自分の力で、自由や権利を守っていかなくてはなりません。

主権者としての自覚が必要

憲法をつくる力が国民自身のものであるかぎり、この憲法の運命を決するものは、ほかならぬ私たち国民なのです。

憲法のめざすもの

国家は法源であるばかりでなく、それ自体同時に一つの法的な構成体である。なんとなれば、国家の構成、ひいてはその法的な存在は憲法、すなわち国法、にもとづくからである。

——G・ラートブルフ

一　憲法というもの

憲法の話ということになりますと、順序として、まず、憲法とはどういうものか、を若干ご説明しなくてはなりません。ご承知のように憲法というのは、ひとくちでいえば、国の政治のルールといいますか、基本的な規則のことなんです。国の政治というのは、どこの国でも一定のルールに従って行われているわけです。たとえば、法律はどういうふうにしてつくるか、裁判はだれがするのか、あるいは税金はどういうふうに集めて、それをどのように使うのか、というようなことは、どこの国でも一定のルールに従って行っているわけです。そのルールを私どもは憲法といっているわけです。

ところで、憲法という言葉が、日本で最初に使われたのは、推古天皇の時代に、聖徳太子が一七カ条の憲法を定めたときです。それは西暦でいいますと六〇四年でありますが、この憲法は、じつは政治や道徳や宗教というものの全体にわたる役人の心得を定めたようなものでして、今日われわれがいう意味での国の政治のあり方を定めた基本的ルールとは、だいぶ違ったものでした。

西欧諸国では、近世のはじめに自由主義とか民主主義とかいう思想が強くなり始めまして、それまで君主や国王が単独で握っていた非常に強い独裁的な権力というものをできるだけ制限し、国民の合意にもとづいて国の政治をやっていくべきだ、という思想がひろく各国に行きわたるとともに、政治のルール、すなわち、憲法という考えがでてまいりました。それは、君主や国王といえども自由勝手に政治を行ってはならないのであって、そこには超えてはならない制約がある、という考えのもとに、その制約の限度を国民との合意によって定めた政治の基本的ルール、つまり、憲法というものが発達してきたのであります。

この憲法という考えが日本に伝わってきたのは、明治になってからであります。憲法というのは、英語やフランス語ではconstitution、ドイツ語ではVerfassungといいますが、これはもともと構造とか体制とかを意味する言葉でありまして、それを日本語で憲法ということにしたのです。国家の基本構造を表現するにふさわしい文字であるといえるでありましょう。明治の初年には、憲法という代わりに、国憲と呼んでいましたが、明治十年代以降から、国家の根本法をひろく憲法というようになりました。

憲法というと、いまでは多くの人たちは文章に書かれた憲法、すなわち成文憲法（written constitution）のことを考えますが、私ども専門家が憲法というときはかならずしも文章に書かれた憲法だけをいうのではないのでありまして、たとえ文章に書きあらわされていなくとも、国家政治の根本法をなすものであればひろくこれを憲法というのであります。世界的に有名なイギリスの憲法というのは、ご承知のように、文章に書かれた憲法ではありません。いわゆる不文憲法(unwritten constitution)であります。

憲法というのは、歴史的にいえば、国民が自分たちの権利や自由が保障されるように、それまで絶対的権力の持ち主であった国王や君主に一定の要求を承認させたものですから、それが確実に守られるためには、文章に書きあらわされているのが最もよかろう、というのであります。しかしまた、ある基本的な原則さえしっかりと確立されていれば、あとは多年の民主的な慣行に従ってそれが自然に具体化されてくるものであり、イギリスに不文憲法が行われているのは、それをとくに文章に書きあらわす必要がなかったからだ、といえるでしょう。

それでは成文憲法というものは世界の歴史にいつごろから現れたかといいますと、まず最初に十八世紀のおわりにアメリカでつくられ、ついでヨーロッパにひろまり、それからそれ以外の国におよんだといわれております。歴史上、近代憲法の最初のものとしてあげられる成文憲法は、一七八七年のアメリカ合衆国憲法であり、ヨーロッパでは一七九一年にできたフランス憲法であります。このフランス憲法はわずか二年の寿命しかありませんでしたが、ヨーロッパ諸国にきわめて大きな影響を与えた憲法であります。アメリカ合衆国憲法は、今日の現行憲法でありまして、およそ二百年にもおよぶ歴史をもつ世界でいちばん古い憲法ということになっております。

こういうわけで十九世紀のおわりになりますと、世界の多くの国々が憲法をもつようになり、日本も、明治二十二年、西暦一八八九年には憲法をつくり、二月十一日の紀元節にわが国ではじめての成文憲法が公布されたのであります。これが「大日本帝国憲法」で、一般には明治憲法といわれているものです。アメリカ合衆国憲法ができてから、大体百年を経たのちにつくられたということになります。

この明治憲法の基本的特色は、簡単にいいますと、天皇主権主義にもとづく天皇大権の強力なことにありますが、しかし他方また、それは、明治のはじめ以来、西欧諸国の政治思想の影響のもとに次第に有力になってきた民主主義の考えをある程度までとり入れないでは、成立し得なかったのであります。そこで明治憲法には一方において民主的な諸制度が設けられるとともに、他方において民主主義を抑えるような反民主的な制度や諸規定が残存していたのであります。

議会を例にとってみましても、衆議院とならんで貴族院というものを設けました。衆議院の議員は一般国民から選ばれましたが、貴族院の議員はひろく国民から選ばれたものではありませんでした。その有力な部分を占めるのは華族がその仲間のうちから選挙した華族議員でありました。そのほかは政府が自由に任命した勅選議員でありますから、貴族院というのは一種の特権階級によって組織されていたといえるでしょう。それはけっして民主的なものではありません。こういう貴族院というものを設けたのは、国民の代表者だけからなる衆議院があまり強くなりすぎないように、それを抑えさせようという趣旨で設けたのであります。民主的な衆議院の行動を民主的でない貴族院によって抑制させようというわけです。

議会あるいは国会というものが、もともと民主政治の考えを実現するための最も典型的な制度であることはいうまでもありませんが、明治憲法は、帝国議会に法律や予算にたいする参与を認めながら、政治上の必要があるときは、議会にかけずに立法する権能を、天皇に与えておりました。議会がうんといわなければ法律や予算を制定することができないということになりますと、議会が政府の死命を制することになってしまいますので、天皇や天皇を補佐する政府に議会を抑えるだけの力が与えられていたのです。

こういうわけですから、明治憲法そのものには民主的な要素と反民主的な要素とが混在していた、といってよかろうかとおもいます。しかし、実際政治の運用からみるかぎり、天皇や政府の権能はきわめて強く、議会の力は次第におとろえ、第二次大戦の勃発《ぼっぱつ》を経て民主的政治勢力が弾圧せられるにいたり、きわめてわずかながら明治憲法に含まれていた民主的要素はついにその存在すら疑われるような時代をむかえ、敗戦ということになりましたことは、ここに改めて申しあげるまでもないことであります。

明治二十二年から半世紀以上ものあいだ一度も改正されることなく、「不磨の大典」と考えられてきた明治憲法も、ポツダム宣言の受諾によって、第二次世界大戦が日本の敗戦をもっておわるとともに、とうとう全面的に改正される運命に立ちいたったのであります。

いまの日本国憲法は、形式上は明治憲法第七三条による「大日本帝国憲法」の全面的な改正の結果としてできあがったものでありますが、その実質からみますと、たんなる改正ではなくして、それに代わる新憲法としての性格をもつものです。なぜなら、明治憲法は、さきにのべましたとおり、天皇主権の原理に立脚しておりまして、天皇制を改正すべからざるものとしていましたが、日本国憲法は、これに根本的な変革を加え、統治権の総攬《そうらん》者としての天皇の地位を否定し、天皇主権の原理に代わって国民主権の原理を承認しているからであります。

国民主権といいますのは、その国の政治のあり方を終局的にきめる力が一般国民にある、という原理であります。日本国憲法の前文には「日本国民は……ここに主権が国民に存することを宣言し」と書いてありますが、これは国民主権の意味であります。これからの日本の政治をどのように行うべきかは、日本の国民がきめるのだという意味であります。

では、どのような根拠にもとづいて、天皇主権から国民主権への大変革が行われることになったかといいますと、それは、一九四五年七月二十六日のポツダム宣言ならびに日本の降伏申し入れにたいする八月十一日付の連合国の回答が、「日本の最終の政治の形態（ultimate form of government）は、自由に表明された日本国民の意思」によってきめるべきだ、ということを要求し（ポツダム宣言第一二項および連合国回答第四項）、日本はそれを受諾《じゅだく》したからであります。

その結果、明治憲法の天皇主権主義が否定され、国民主権が、戦後日本の政治の基本原理になったわけでありますが、この変革は、もとより明治憲法の改正によっては合法的になし得るかぎりではなく、憲法的にはひとつの革命をもって目すべきものといっていいでしょう。宮沢俊義教授の言葉を借りれば、「八月革命」であったわけであります。もちろんそれは暴力によって血を流す革命という意味ではありません。じつは、それは、ポツダム宣言の受諾による敗戦という事実によってもたらされた超法的な変革だった、ということができましょう。

日本国憲法は、こうしてなしとげられた急激かつ全面的な政治制度の変革というものを成文化したものにほかならぬのであります。

二　憲法できまる政治のあり方

日本国憲法の何よりの使命は、国民主権の原理にたって民主政治を行うことでありまます。天皇が政治にタッチしない点が、明治憲法のばあいといちじるしい対照をなしています。

日本国憲法の前文には、この憲法の全体を貫く国民主権の考えが明確に規定されております。「そもそも国政は、国民の厳粛《げんしゅく》な信託によるものであつて、その権威は国民に由来し、その権力は国民の代表者がこれを行使し、その福利は国民がこれを享受《きょうじゅ》する」という一句がそれであります。

日本国憲法のもとでは、政治は国民のために国民の意思にもとづいて行われなければならぬということをのべているわけです。それは、リンカーンの言葉としてひろく知られている「国民の、国民による、国民のための政治」(government of the people, by the people, for the people) というのと大体同じ意味であると考えてさしつかえありません。明治憲法では、天皇は統治権の総攬《そうらん》者として政治的に大きな力をもっていましたが、日本国憲法のもとではもちろん総攬者ではありません。天皇は日本国の象徴であります。

天皇が象徴だと申しますのは、象徴以外の役割を果たしてはならないということを意味するわけでありまして、天皇は、「この憲法の定める」国事に関する行為のみを行い、国政に関する権能をまったく有していないのであります(第四条)。憲法上の根拠なくして、天皇は、その権限を行うことはできないのであります。つまり、憲法をはなれては天皇も天皇たり得ないということになるのであります。

このように、憲法は、一面では、国家機関に権能を授けると同時に、他面においてこれを限界づけるという機能を果たすのであります。憲法の定めによって、国家統治のあり方も大きく変わるのですから、憲法はまことに重要な役割を果たしている、といってよかろうとおもいます。

さて、諸国の成文憲法を眺めてみますと、その内容は千差万別でありまして、フランス・ドイツ・イタリアなど西欧の資本主義国のばあいと旧ソ連を代表とする社会主義国のばあいとでは、それぞれの憲法体制にたしかに違いがみられます。同じく社会主義の憲法であっても、国により、その内容が異なっています。また同一の国であっても、社会主義の発展段階が変化するにつれて、その内容が変化してまいります。それは、社会主義建設の各段階に応じて憲法というものがつくられるべきだという、社会主義憲法のそういう特殊な性質を反映したものだということができるでしょう。

社会主義国の憲法としては、なんといっても最初に社会主義革命を行った旧ソ連の一九七七年憲法をあげるべきでしょう。それから一九七八年の中国憲法も、社会主義国の新しい憲法として、注目すべきでありましょう。この中国憲法は、いわゆる「四人組時代」の産物だった一九七五年憲法にとってかわるものでした。四人組追放後に七八年憲法が生まれたということは、まさに「中国文化大革命」の推移を示すものということができるとおもいます。

ところで、現代の西欧資本主義国の憲法も、国によってさまざまですが、それにもかかわらず、その全体を通じてひとつの共通の特色がみられます。それは何かと申しますと、どの憲法にもきまって、身体の自由とか、言論の自由とか、思想の自由とか、宗教の自由とか、そのほかいろいろな自由をとりあげて、それらが国民の最も重要な基本的人権であることを明確にしていることです。私どもはこれを「権利の宣言」(Declaration of Rights) と呼んでおります。

このように国民の最も大切な自由が「権利宣言」のかたちで保障されるように

なりましたのは、一七七六年のヴァージニア憲法をはじめとするアメリカ諸州の憲法や、一七八九年のフランスの「人権宣言」からのことですが、いまでは世界のどの国の憲法にもそれがあるのが普通であります。近代諸国の憲法の内容を見てみますと、「統治の機構」(Frame of Government)に関する諸規定とは別に、それにさきだつものとして、この「権利の宣言」と題する一群の規定が設けられているのであります。

権利の宣言は、まさに近代憲法の本質的な部分をなすものといってよいのであります。それは日本国憲法の言葉でいえば、「この憲法が日本国民に保障する基本的人権は、人類の多年にわたる自由獲得の努力の成果であつて、これらの権利は、過去幾多の試錬に堪え、現在および将来の国民に対し、侵すことのできない永久の権利として信託されたもの」(第九七条)なのであります。

いまでは社会主義諸国の憲法にさえ、このような伝統の痕跡《こんせき》が認められないわけではありません。たとえば一九七七年の旧ソ連憲法でも言論や集会などの自由が保障されています。もっとも、その精神においては、西欧諸国の憲法とは大きな違いがあることに注意しなくてはなりません。といいますのは、そこでの自由は、「人民の利益に適合し、社会主義体制を強固にし、発展させる目的」のものでなければならない、とされているからであります。それはともかく、アメリカで生まれた人権宣言は、とくに一七八九年のフランス人権宣言を通じて世界にひろまっていったのでありまして、今日では、「すべて権利の保障が確保されず、権力分立が定められていない国家は、憲法を有するということができない」ものと考えられています。

権力の分立（separation of powers）というのは申すまでもなく、国家権力の濫《らん》用《よう》を防ぎ、国民の自由を保障しようという要請のもとに、立法・司法・行政の各国家作用が、同じ人の手に握られないように、それぞれ別個の国家機関の手におくことであります。わが国では、三権分立主義とも呼ばれています。この三権分立ということもやはり自由の保障の目的のために必要な制度であることは、とくに説明を要しないでありましょう。モンテスキューは、『法の精神』(De l'esprit des lois) という有名な著書の中で、「すべて権力をもつ者はそれを濫用しがちである。それは不断の経験の示すところだ」ということを指摘しています。権力の濫用が行われては、何よりも大切な国民の権利や自由が侵されてしまいますので、それを防ぐために、権力を分立させることが必要だということになるのであります。権力の分立が民主政治の不可欠な実現手段と考えられるゆえんもまたそこにあります。

民主政治がほんとうに実を結ぶためには、国民代表からなる議会の制度や権利自由の保障の制度としての権力分立制などとならんで、地方自治 (local self-government) の制度を保障することがどうしても必要であると考えられます。

地方自治というのは、ごく簡単に申しますと、地方の政治をその地方に住む人たちが自分たちの手で行うということです。いうまでもないことでありますが、地方が治まってはじめて国全体が治まるわけでありまして、地方の政治は、国全体の政治の基礎となるものであります。したがって、国の政治の民主化は、必然に、地方自治の強化を要請することになるわけです。イギリスとかアメリカとかスイスのように民主政治の先進国でとりわけ地方自治が発達しているということはきわめて当然なことといわなければなりません。

明治憲法は、地方自治を憲法に規定することはせず、そのすべてを府県制・市制・町村制という法律の定めるところにゆずっていたのです。ですから法律によってそれをどのようにでもすることができたのであります。けっして地方自治を軽んじていたわけではないのですが、そこではまだ十分徹底してはいなかったのであります。

日本国憲法は、地方自治を育てあげることが絶対に必要であると考え、とくに一章を設けて「地方自治」を憲法で保障いたしまして、法律をもってしてもこれを改廃することができないものにし、地方自治制をひとつの憲法上の制度として確立することによって、そのあり方を一新したのであります。

憲法に地方制度に関する規定をおく事例としましては、古くは、一八三一年のベルギー憲法や一八七六年のスペイン憲法があります。そして新しくは、一九一九年のドイツのワイマール憲法をあげることができますが、最近では、一九四七年のイタリア共和国憲法や一九四九年のドイツ憲法などがあります。

日本国憲法は、その第九二条で、「地方公共団体の組織および運営に関する事項は、地方自治の本旨（principle of local autonomy）にもとづいて、法律でこれを定める」と規定しています。「地方自治の本旨にもとづいて」と申しますのは、地方の政治や行政がその地方の人たちの意思にもとづいてみずからの手で行われるようにすべきだ、という意味であります。

もとより地方公共団体というものは完全に国から独立してあり得るわけのものではありませんが、いやしくも地方自治が認められるからには、これにたいする国のコントロールはできるだけ差し控えなくてはならず、府県や市町村の政治や行政はやはり地域住民の意思を尊重しながら行わなくてはなりません。そのために、憲法は、地方公共団体にはかならず、住民から選挙される議会を設けなくてはならないと定めているのであります（第九三条）。

旧法時代にも、この地方議会の議員は大体は住民の直接選挙でありましたが、都道府県知事や市町村長はそうではありませんでした。都道府県知事は国の官吏として中央政府から任命され、市町村を監督する任務を負っていました。その結果、地方行政には、中央集権的官治行政が強く食い込んでいたといえましょう。日本国憲法はこれを改めて、住民が直接に選挙することにいたしました。知事も市町村長もすべて住民がこれを選挙するというのは、いまでは憲法上の要求です。

また地方公共団体の権能もいちじるしく強化されました。憲法は、地方公共団体がその財産を管理し、一般的な事務を処理し、「行政を執行する権能」を有するうえに、「法律の範囲内で条例を制定することができる」と定めています（第九四条）。

このように、地方公共団体の制度による地方自治というものは、わが国では、ひとつの公法上の制度として憲法上保障されているのでありますから、法律上の保障と違って、それをすべて廃止してしまうような変革は簡単には許されないわけであります。憲法を改正しなければ、その制度を否定することは許されないところとみるべきでありましょう。

三　憲法の不変性または安定性

次に、憲法の不変性または安定性という問題について申しあげてみたいとおもいます。不変性または安定性というのはその憲法で書きあらわされた内容が長く維持され、それがめったに変わらないことをいうのです。憲法というのは国家の政治体制を規律する根本法（lex fundamentalis）でありますから、それがむやみに変えられるようでは困るわけであります。そこで、これを容易に改正できないようにしようとの考えが生まれてくるのは当然のことであります。

憲法の改正というのはつねに重大な政治的意味をもつと考えられますので、成文憲法は、どこの国でもその改正をむずかしくしているのが通例であります。普通の法律を制定したり、改正したりする手続きよりもむずかしい手続きによらなくては改正できないような憲法をかたい憲法または硬性憲法（rigid constitution）といい、普通の法律と同じような手続きで改正のできる憲法をやわらかい憲法または軟性憲法（flexible constitution）といいます。

この区別をはじめて唱えたのは、イギリスのジェイムス・ブライスであります。ブライスは、イギリス憲法のように普通の法律で変更することのできる不文憲法と、アメリカ合衆国憲法のように普通の法律よりも改正に厳格な手続きを定めている成文憲法とを比較しながらその区別を論じております。それが別に誤りだという意味ではありませんが、ただそこには改正手続きの難易の区別と成文・不文の区別との混同がみられるようにおもいます。

成文憲法というものはたしかに不文憲法に比して簡単には変えにくいということは疑いのないところでありますが、かならずしもそれは必然的にそうあるべき本質をもっているものだとはいいきれません。そこで、今日におきましては、もっと他の形式的な要素、すなわち、憲法改正の手続きが通常の法律改正手続きよりも困難であるかどうかという点に着目し、成文憲法についてもっぱらその区別をするようになってきたのであります。そうなりますと、イギリス憲法などは、はじめから、「かたい」とか「やわらかい」とかという区別とは無縁のものというべきものとなるでありましょう。

さきに申しあげましたとおり、現在の世界では、イギリス以外の国はたいてい成文憲法をもっていますが、どこの国の成文憲法も、憲法改正の手続きを特別に定め、その改正の仕方を普通の法律の改正のばあいよりは、むずかしいものにしているといってよかろうとおもいます。すなわち、憲法をかたくし、憲法の改正はそう簡単にはできないことにしています。わが明治憲法も非常にかたい憲法でありましたし、いまの日本国憲法もそうであります。ただ、その「かたさ」は、国によっていろいろ程度の違いがあります。いろいろありますが、若干拾って申しあげます。

たとえば、普通の法律は議会の過半数で改正できるが、憲法改正のときには、議会の三分の二とか、五分の三とかの特別の多数の賛成が必要だというふうに規定することもあります。また、憲法改正案が議会を通過したのちに、これをさらに国民投票にかけなければならないと規定する例もあります。あるいはまた、議会で憲法改正が可決されたら、そのあとでその議会を解散して、あらたに選挙された議会で改めてもう一度、憲法改正を決議しなければならないと規定する例もみられます。とにかく憲法の改正は、普通の法律とは違って、それよりも多かれ少なかれむずかしい手続きによらなければできない、ということにしているのが通例であります。

また、国によっては、憲法改正の手続きを定めながら、そのうちの特定の規定だけは改正することができないということを憲法に明記している例もあります。

たとえば、フランスの憲法は、以前から、憲法における共和制の規定はこれを改正の目的とすることはできない、と定めています。つまり、憲法改正の手続きを踏むならば、憲法の各規定を変えることはできるわけですが、たとえその手続きを踏んだとしても、フランスが共和国であるという規定だけはこれを改正することはできない。すなわち、共和制を廃して君主制に改めるというがごときは、絶対に許されない、というのであります。一九四七年のイタリア共和国憲法にも同じような規定があります。

ところで、硬性憲法だからといって、その改正が実際に事実として行われにくいと断定はできませんし、また、改正が行われるのはごく稀《まれ》であるともかぎりません。憲法の規定をみますと、スイス憲法のように硬性憲法でありながら、今日までにかなりしばしば比較的簡単に改正されているものがあるかとおもえば、わが明治憲法のように、明治二十二年に制定されてから昭和二十二年にいたるまで、およそ六十年ちかくの長いあいだに一度も改正されなかったというような憲法もあります。一七八七年につくられたアメリカ合衆国憲法は、硬性憲法でありますが、時勢の変化に応じて何度も何度も修正がほどこされながら今日にいたっており、さきにのべましたように、世界でいちばん古い憲法として名高いわけであります。でありますから、ここでいう憲法の「かたさ」といいますのは、もっぱら形式的ないし手続き的なものでありまして、憲法の実質的な不変性または安定性とは非常に違うばあいがあるということは、おもしろい現象でありまして、その点とくに注意しておきたいとおもいます。

憲法の改正が事実として実際に行われるかどうかは、むしろ改正についての切実な要求をうながす現実の政治的・社会的な諸条件や、それを動かすもろもろの諸力によって左右されると考えてよかろうとおもいます。

国家の基礎法としての憲法というものに、他の法令に比してより強い不変性と安定性とが要請されるとはいいましても、これに絶対的・永久的な不変性を期待することは、じつは不可能なことだ、といってよいでありましょう。成文憲法の中には、フランスの一八一四年の憲法や一八三〇年の憲法のように、改正の手続きを定めていないものもあります。このような憲法がつくられたのは、おそらく、この憲法は永久にそのままであるべきだ、改正してはならないという「永久憲法」の思想、つまり、憲法の永久不変性の考えの影響とおもわれますが、憲法といえども時代の流れに超然たり得ないのでありまして、ある時代につくられた憲法が絶対に永久に変わらないなどということは期待し得ないことであります。したがって、さきにも申しあげましたとおり、現在ではほとんどすべての国の憲法に、改正についての規定が設けられているのであります。

いかなる憲法も時代の変化に対応すべき変更が予想される以上は、改正の手続きについての規定が当然に必要なのであります。いまあげましたフランス憲法のように、憲法の改正を完封しようとするような憲法というものが、はたして実際にその目的を達し得るかどうかははなはだ疑問でありまして、かえってそれは憲法そのものをもつぶしてしまう結果になるのではないかとおもわれます。憲法改正の手続きを定めていないといいますと、それは非常に「かたい」憲法のようにみえるわけでありますが、じつはそうとばかりはいえないのであります。改正規定をもたなかったフランス憲法は、永久不変どころか、いずれも短命のうちに別の憲法にとってかわられ、死滅せしめられたのであります。

こうして世界中のほとんどの国の憲法は、一方において憲法を改正する手続きを定めると同時に、他方において、その改正の仕方を普通の法律の改正のばあいよりはていねいなものにし、憲法の改正はそう簡単にはできないことにしています。日本国憲法も、その第九六条に改正規定を設け、やはり普通の法律とは違って、もっとむずかしい手続きによってなされることにしているのであります。したがって、その条章を改正し、または増補することは、そこに定められた手続きによって可能なわけでありますが、それでは、そこに定められた手続きをもってすれば、どのような内容の改正も可能なのかどうか、これは、ひとつの重要な問題であります。

この点について私の個人の意見を簡単に申しあげれば、憲法の改正には一定の限界があるのではないかとおもいます。すなわち、憲法そのものの基礎ともなり、その根底ともなっている根本建前というものは、その改正手続きによって改正され得ないものとおもうのであります。といいますのは、憲法改正手続きそのものが、もともと憲法の根本建前によってその効力の基礎を与えられているのでありますから、それが変えられると、憲法そのものの否定と同じ結果になるような根本建前を改正することは、論理的にいっても不能とされざるを得ないからであります。

たとえば、国民主権の原理にたつ憲法が、その定める改正手続きによりさえすれば、その国民主権の原理そのものをも否定し得るというのは、はなはだしい背理だといわなくてはなりません。国民主権主義や永久平和主義や基本的人権尊重主義が、わが国憲法政治の根本建前であり、憲法自体もその建前を前提とし、根底としていることは、ここではとくに説明を要しないでありましょう。したがいまして、日本国憲法の定める改正手続きでもって、その根本建前であるこれらの基本的諸原則というものを変更するというのは、明らかに憲法の破壊であり、またそれは憲法の自殺であるというべきであります。そのようなことは、憲法の改正としては、まったくなし得ないところとみなくてはならぬでありましょう。

フランス憲法がその明文で共和政体は改正してはいけないと定めていることは、さきにお話ししたところでありますが、このような明文の定めがなくても、同じように、憲法改正には、性質上当然、一定の限界があるということを、はっきりと認めなくてはなりません。

四　憲法を尊重擁護する義務

次に、憲法改正の問題と関連して憲法尊重擁護義務について一言してみたいとおもいます。

一昨年（一九八〇年）八月の奥野法相の改憲発言を発端として、しばらく沈静化していた改憲論議がまた急激に高まり、連日のように新聞を賑わせたことは、みなさんご承知のとおりであります。この奥野発言に関連して、国務大臣が現行の憲法に「反対だ」という意見をのべ改憲の姿勢を表明することは、日本国憲法第九九条の定める国務大臣等の憲法尊重擁護義務に違反するのではないかという問題が、やかましい憲法問題になったわけであります。そこで、かような問題点も含めまして、憲法第九九条の意味について、ごく簡単に申しあげることにしましょう。

憲法は、さきほど申しあげたように国の根本法であり、「国の最高法規」(supreme law of the nation)であります。最高法規というのは、いっさいの法律や命令よりも強い力をもつという意味でして、いわば無数の法規の総元締のようなものといってさしつかえありません。すべての法律や命令は、この憲法の規定に違反することができないことは、いうまでもありません。

憲法は国家で最も重要な、そのもとになる法ですから、あらゆる法規にもましてそれが遵守《じゅんしゅ》されなくてはなりません。憲法が踏みにじられるとしたら、法秩序の根底がゆらぐことになるからであります。そこで、このような憲法の最高法規性を保障するために、日本国憲法第九九条は、「天皇または摂政および国務大臣、国会議員、裁判官その他の公務員は、この憲法を尊重し擁護する義務を負う」ものと定めています。この規定によって憲法尊重擁護の義務が課せられているのは、天皇・摂政および国務大臣・国会議員・裁判官その他の公務員でありますが、それらは直接または間接に憲法を運用する任にある者、いいかえれば政治権力の行使に関与する者でありますから、それだけにまた憲法を無視したり、破壊したりする可能性をより多くもつものであるといえるでありましょう。したがって、これらの者にとりわけ憲法尊重擁護の義務を強調すべきことが要請されたわけであります。

近代諸国の憲法をみると、そこに多少の違いはありますが、日本国憲法第九九条と同じ趣旨の規定がみられます。たとえば、アメリカ合衆国憲法は上下両院議員、各州議会議員ならびに連邦および各州のすべての行政官および司法官に、宣誓もしくは確約により、その憲法を支持すべき義務を課し（第六条三項）、また大統領には、その職務を忠実に遂行し、全力をつくして合衆国憲法を維持、保護、擁護する旨の宣誓もしくは確約をなすことを要求しています（第二条一節八項）。そして、同様の例はワイマール憲法（第四二条）や第二次大戦後のドイツ憲法（第五六条、六四条二項）やイタリア共和国憲法（第九一条）などにもみられます。またベルギー憲法では、国王に憲法擁護の宣誓の義務を課しています（第八〇条）。

日本国憲法が、いろいろな点で、アメリカ憲法の影響を受けたことは、よく人のいうところですが、こうして諸国の憲法を見てみると、そこにはひとつの共通の歴史的意味ないしは思想史的背景があるようにおもわれます。それは何かというと、要するに、治者といえども法の下にあり、法によって拘束されるという「法の支配」（rule of law）の思想であります。「法の支配」の思想は、もともとイギリスにおいて発達し、アメリカに受け継がれ、ヨーロッパ諸国にも大きな思想的影響を与えたものです。こういうわけで、日本国憲法第九九条は、このような思想的系譜のもとにあるということを、注意しなければなりません。

ところで日本国憲法第九九条には、天皇または摂政および公務員の義務のみが規定され、「国民」の義務は定められていないのでありますが、それは、けっして憲法を尊重擁護すべき国民の義務を否定しようとする趣旨ではありません。そもそも日本国憲法は、主権を有する国民の手によって確定された作品であります。その憲法の遵守を命ずるのは、ほかならぬ国民であります。すなわちそこに国民がかかげられていない理由は、あくまで国民の信託によって権力を与えられ、その権力を行使する諸機関にたいして憲法を尊重し擁護すべきことを命じたものが、まぎれもない国民であることを示すものだと私は考えております。

それでは次に、第九九条にいう「この憲法を尊重し擁護する義務」とはどういうものであるかをごく簡単にご説明しましょう。ここで、「尊重」というのは、憲法を遵守《じゅんしゅ》し、憲法の理念を実現するために努力することをいい、「擁護」とは、憲法への侵犯にたいして抵抗し、どこまでも憲法を防衛すべく努力するという意味です。ひとくちにいえば、要するに、憲法の規定や精神をよく守らなくてはならぬということであります。

しかしながら、この憲法尊重擁護の義務は、きわめて倫理的・道徳的な色彩の強いものでありまして、そこからただちに法律的な効力が生ずるという性格のものではありません。特定の種類の公務員、たとえば人事官とか一般職の国家公務員とか警察職員とかについては、法律でもって、とくに憲法を尊重し擁護する旨の宣誓をなすべきことを定め、この義務を法律上の義務として具体化し、その不宣誓は弾劾事由や懲戒事由になり得るものとされているのですが、国務大臣などのばあいには、この義務が法律上の義務として具体化されていないのであります。

その結果として、国務大臣などの義務違反にたいする根本的な対策としては、その政治的・道義的責任をきびしく追及することよりほかはないのであります。

じつは、それだからこそ、他の公務員におけるよりも国務大臣などにはとくに憲法を尊重し擁護すべきことがそれだけ強く要請されるのでありまして、国務大臣の憲法尊重擁護義務がきわめて重要な意味を有するゆえんは、まさにこの点にあるといってよいでしょう。

次に、憲法は一方でその尊重擁護を要求しながら、他方でその改正を予定しているということをどのように理解すべきか、ということを申しあげます。日本国憲法は、その第九六条で改正手続きを定めています。したがって、その手続きを踏めば、憲法の規定を変えることは可能なのでありまして、そのこと自体が第九九条にいう憲法の「尊重擁護」に反するものでないことは申しあげるまでもありません。

このように憲法の改正が可能である以上、政府が憲法改正案を国会に提出することも第九九条と矛盾しないことは明らかであります。そうとすれば、国務大臣が憲法改正の必要を唱えることは、憲法第九九条の定める憲法尊重擁護義務にかならずしも違反するとはいえないでありましょう。しかし、憲法の改正を唱えることは自由であるとしましても、それはけっして現行の憲法の条章を無視ないし軽視してよいということを意味するものでないことはご承知のとおりであります。

改正がなされるまでは現行の憲法をあくまで尊重しなくてはならぬことは、いうまでもありません。率直にいいかえれば、憲法改正の是非を論ずることは自由ですが、このことを理由として改正されるまでの憲法の尊重擁護義務を免れ得るのかというと、けっしてそうではありません。だから、国務大臣が現行の憲法には「反対」だと主張し、憲法を軽視ないしは無視するかのごとき露骨な反憲法的態度を表明することには大いに問題があるといっていいのであります。

憲法改正の是非については、今日各方面でいろいろな議論がなされております。改憲論は、いまの日本国憲法は占領時代にマッカーサー総司令部のコントロールのもとにできたものであるから、占領がおわればそれは当然改めるべきだといったような考えのようでありますが、私はそのような考えには賛成しかねるのであります。ここで私の個人の意見を簡単に申しあげれば、たとえ占領時代にできたものでありましても、その内容がよければけっして改めるにはおよばない、という考えであります。そうして、このような考えからすれば、占領時代に多かれ少なかれ押しつけられた憲法であっても、どこまでも維持することが望ましいのではないかと考えております。

五　たたかう民主制

さて最後に、憲法を守るというテーマに関連して「たたかう民主制」の問題についてお話し申しあげます。

憲法が最高法規とされる以上、憲法を破壊しようとする「憲法の敵」から憲法を守らなくてはならぬことは、いうまでもないことであります。しかしながら、憲法の保障する言論の自由や政治的活動の自由を利用ないしは濫用《らんよう》して、反民主主義的な勢力が、憲法の定める民主制そのものを破壊してしまおうとする企てにたいして、民主制は、どのようにしてみずからを守るべきかという問題は、戦後の諸国における憲法問題のうちでいちばん重大な問題のひとつであったのであります。とりわけ、ワイマール憲法が、ナチにやられて、悲惨な最期をとげたドイツではきわめて深刻な問題になりました。

申しあげるまでもなくワイマール憲法は、第一次世界大戦のあとにできたもので、世界の憲法の歴史では、非常に有名な憲法です。なぜそんなに有名かといいますと、それは、それまでに西ヨーロッパ諸国で発達した民主制、ことにイギリスの歴史の過程のうちで発達してきた議会民主制というものを非常に体系的かつ論理的に整然と定めていたからでありまして、その当時、ヨーロッパ諸国にできた新しい民主主義憲法の模範とされたのでした。ワイマール憲法は、二十世紀における最も注目すべき典型的な憲法として諸国に大きな影響を与えたのでありま す。しかし、そのワイマール憲法のもとで、ナチが憲法の認めた言論の自由や集会の自由を濫用して、ついにはワイマール憲法そのものを殺してしまった、という議論が有力に行われました。

そこで第二次大戦後のドイツ憲法は、このようなワイマール憲法崩壊の苦い経験を考慮して、反民主主義的な勢力の攻撃からみずからを守るために、「たたかう民主制」(streitbare Demokratie)という考え方をとり入れ、とくに次のような諸規定を設けました。すなわち、基本権あるいは人権というものは、どこまでも保障するが、それらが自由な民主的基本秩序を破壊するために濫用《らんよう》されるときは、その効力を失ってしまう(第一八条)。たとえば、言論の自由を濫用して、現在の民主主義の政治体制をつぶしてしまおうとする人は、その人自身が人権を失ってしまう、というのです。これは学問や教授の自由についてもそうでして、憲法は教授の自由を保障するが、「教授の自由は、憲法への忠誠（Treue zur Verfassung）を免除するものではない」という制約がついています（第五条三項）。これは、民主制を破壊する意見をひろめるためにかつて教壇が利用されたことへの反省からでた結論として、注目されます。

それからもうひとつ、政党についても、注目すべき規定があります。じつはドイツ憲法は、これまで長いあいだ憲法のそとにあった政党というものをはじめて憲法上の存在として位置づけるとともに、政党設立の自由を憲法で保障していますが、同時に、「その目的または党員の行為が、自由で民主的な基本秩序を侵害もしくは除去し、またはドイツ連邦共和国の存立を危うくすることをめざすものは、違憲である」（第二一条第二項）という規定をおいているのです。この規定にもとづいて、一九五二年には、新しいナチ党の復活と目される社会主義ライヒ党が禁止され、また一九五六年には、共産党が禁止されたことは、ひろく知られているところです。

こうしてドイツ憲法は、憲法の敵にも憲法上の保障を与えたワイマール憲法とは異なり、自由の敵には自由を与えない（keine Freiheit den Feinden der Freiheit）というたたかう姿勢の民主制を実定化し、憲法裁判によってそれを確保することにしたのです。これは、まことに思いきった措置ですが、過去にその点で、いやというほど苦しめられたという反省が憲法制定者をしてここまで踏みきらせたのでありましょう。私どもは、そこに、戦後のドイツにおける民主制の思想的前提に変化があったことを、見逃すことはできないでしょう。

しかしながら、この態度には、深刻な矛盾と大きな危険がともなうということに、ここで注意したいとおもいます。すなわち、自由をあくまで標榜《ひょうぼう》する民主制の秩序が自由をこのように制限するということは、これは明らかに矛盾でありまして、そういう濫用《らんよう》の余地なき自由というものはじつは本当の自由でないといえるのではないか。こういう根本の問題があるようにおもうのであります。そしてまた、だれが「自由の敵」かの判断に恣意的要素がもちこまれ、一歩それを誤れば、かえって憲法と自由とを骨抜きにしてしまう危険がすこぶる大きいという問題が残るだろうとおもわれます。

ワイマール憲法は、自由の敵にも自由を許しすぎたために死んだのだということがよくいわれます。それはしごくもっともなところがあるかもしれません。が、さきにも申しあげたとおり、自由には濫用がともないがちなものであります。それはそのとおりだとおもいますが、ワイマール憲法が死んだ原因は、むしろ批判の自由が十分に活《い》かされず、国民の意向が正しく政治の方向を決定し得なかったということにあるのではないかと私は考えています。

そのような経験を無にしないためには、わが日本国憲法のもとでも、思想の自由や良心の自由を確保することが何より必要です。私が憲法を学んだ恩師・鵜飼信成教授も、このような見解を私に熱っぽい口調で説かれたことがあります。憲法に敵意をもつ諸勢力から本当に憲法を守るためには、国民のひとりひとりが憲法のいちばん大切な精神をよくのみこみ、人権の尊重の気持ちを確立するということが最も重要なことではないかとおもいます。

（『書斎の窓』三一四号一九八二年）

憲法改正より理念の実現を

法律制度には、その魂といっていいような規定がある。不思議なもので、この部分に手をつけると、全体の壮麗な堂塔伽藍が、たちまち崩れ落ちてしまう。おそろしいことだ。

——鵜飼信成

半世紀以上の風雪に耐えた憲法

敗戦後の混乱の中で生まれたこの憲法が、国際政治や国内情勢の荒波にもまれながら、半世紀以上もの間、一度も改正されずによく風雪に耐えてきたものだと思う。よく日本と比較されるドイツでは、戦後、五十数回にわたって憲法が改正された。憲法が半世紀もの間、一度も改正されなかったのは世界の憲法史上においても、きわめてまれである。

もっとも、ドイツ憲法の場合には、その名称と前文が示すように、「過渡期のための基本法」として制定されていたという事情があり、その他の諸国の場合にも、国民の憲法観や政治状況がちがうのだから、日本国憲法と同列に論ずるわけにはいかない。

日本国憲法制定のイニシアティブをとったマッカーサー（日本占領時の連合国軍総司令官）は、その『回想記』の中で、日本国憲法は「歴史上おそらく最も自由主義的な憲法」であり、改正を必要としなかった、と述べている。私も日本国憲法の自由主義的な格調の高さは認めるが、これまで憲法が改正されなかったのは、マッカーサーのいうような単純な理由によるものだとは思わない。むしろ、憲法改正を必要とするほどさしせまった政治状況に、日本は遭遇しなかったということが、最大の理由だと思う。ドイツの場合、数多い憲法改正のうち最も激しい議論を呼んだのは、一九五九年にドイツがＮＡＴＯ（北大西洋条約機構）に加盟する際に行われた憲法改正である。これはＮＡＴＯ加盟とそれに伴う再軍備の是非をめぐって、真っ向から政策の転換を国民に迫るものだったといえる。

「憲法調査会」の論議を見届けよう

戦後の日本には、ドイツがNATO加盟を選択したときほどの切迫した状況は生まれなかった。一九五七年に内閣に憲法調査会が設置され、積極的な改憲論の流れが続いたが、にもかかわらず、政府、自民党を改憲に踏み切らせるまでに至らなかったのは、世論の支持がえられなかったからだ。日米安保条約をめぐる騒乱はかなり切迫した状況といえたが、最高裁が「安保体制は合憲」との判断を下したことで、改憲には結びつかないまま終わった。

今年（二〇〇〇年）になって国会に「憲法調査会」が設置されてから、憲法問題がさかんに論じられるようになってきた。この調査会が憲法の意味内容を正しく理解する「場」となるなら、無意味ではないであろう。ただ、私が危惧《きぐ》するのは、憲法調査会の設置そのものが〝改憲のタブーを破った〟ものとして世間に受け止められがちなことである。調査会の設置自体は改憲を前提としたものではないし、この調査会は改憲を発議する「発議権」を持っていない。調査会イコール「憲法改正委員会」ではないのだ。だから、調査会の設置をもって「改憲への第一関門を突破した」かのように誤解している人が多いことは、憂うべき事態だと思う。

日本国憲法は、九九条で、「憲法尊重擁護の義務」を定めている。すべての国務大臣、国会議員は、「憲法を尊重し擁護する義務」を負っている。国会で改憲を論ずることが、直ちに、「憲法尊重擁護の義務」に反することになるわけではない。しかし、改憲を論じてよいということは、現行の憲法を軽視してよいということではない。調査会の節度ある「論憲」を望むとともに、今後どのような論議がなされるか、それに私は特に注目したいと思う。

日本国憲法の歴史的意義を

「改憲派」の国会議員や改憲論者がしばしば口にしてきたのが、「日本国憲法は占領時代にマッカーサー総司令部から押しつけられたものだから、占領がおわれば当然あらためるべきだ。新たな〝自主憲法〟を制定すべきだ」という「押しつけ」論である。だが、この「押しつけ」論は事実を見誤った不毛な主張である。

たしかに、日本国憲法は連合国側に促され、アメリカの占領下で制定されたものではある。その意味で、「押しつけ」的な面がまったくないとは言わないが、日本政府の意向を無視して制定されたわけではない。

日本政府は、新憲法制定に先立って憲法改正案を審議すべく衆議院を解散して総選挙を実施している。そして、選ばれた新しい議員たちによって、三カ月半にわたって議会で活発な議論がなされ、両院のいずれにおいても反対者はごく少なく、大多数で可決された結果、日本国憲法が生まれたということは、否定しえない事実である。また、日本国憲法は「マッカーサー草案」をそのまま鵜呑《うの》みにして決められたわけではなく、衆議院では若干の修正も施されている。たとえば、マッカーサーは議会の一院制を主張したが、日本は二院制を選択した。旧憲法下にわが国は二院制の経験があったし、衆議院でのともすれば陥りがちな「多数の横暴」を是正する機関として二院制をとったほうがよいだろう、との判断で修正を施したのだ。

このように憲法制定にあたって、日本側の意向は十分に反映されている。だから、憲法成立史にある一面だけを過度に強調し、「押しつけられた憲法だから変えなければならない」とする考え方は、一面的にすぎる。日本国憲法の歴史的意義に、もっと目を向ける必要があろう。

ここで私の個人的意見を簡単に述べれば、たとえ占領時代にできたものであっても、その内容がよければ決してあらためるには及ばないと思う。率直にいって、その内容は誇るべきものがあると私は考えている。憲法の制定というものは、そんなに軽率にできるわけではない。それは、社会的要求の結晶としてつくられたもので、憲法にしるされる前に、平和への願いや人権尊重の観念はやはり、社会的なものの考え方としては国民の意識の中にすでに奥深く存在していたのである。

大きく乖離した第九条の理想と現実

憲法の根本的使命は、国家の権力から国民の自由と権利を守る点にある。憲法は、一面では、国家の権力が正当に行使され、権力の濫用《らんよう》が生ずるのを防ぐと同時に、他面において、国民の基本的人権を端的に保障し、国民を国家権力の濫用からどこまでも守るという役目を果たさなくてはならない。しかし、憲法の規定は実定法としては非常にイデアリテート（理想性）が高いから、現実から離れる危険がある。憲法の規範と現実の間にはズレが生じやすい。すなわち、規範と現実との「乖離《かいり》」である。

その「乖離」には、大きく分けて二つのタイプがある。一つは、憲法の精神にそぐわない形の乖離である。憲法九条と自衛隊の存在に見られる乖離は、その典型だろう。日本国憲法施行直後の一九四七年、文部省が発行した『あたらしい憲法のはなし』という教科書では、憲法九条について、次のように説明されている。「こんどの憲法では、日本の国が、けっして二度と戦争をしないように、二つのことをきめました。その一つは、兵隊も軍隊も飛行機も、およそ戦争をするためのものは、いっさいもたないということです。これからさき日本には、陸軍も海軍も空軍もないのです。これを戦力の放棄といいます」。憲法を素直に読めば、このように解釈する以外にはないのである。そして、誰がどうみても「軍隊」でしかない自衛隊を、憲法の文言を変えない「解釈改憲」で容認したため、憲法九条の理想と現実はひどく乖離したままになっている。憲法の規範と現実との間には、大きなズレが生じてしまったのである。

だがこれとは逆に、憲法の精神に沿った形の乖離もある。「知る権利」や「プライバシーの権利」、あるいは「環境権」など、憲法制定後に生まれた一連の「新しい人権」の類《たぐい》がこのタイプである。たとえば「環境権」は、憲法制定当時には考えも及ばなかったものだ。環境が人間の生存にとって深いかかわりを持つことは、自明のことだが、終戦直後、日本国民の大半は窮乏した生活を強いられていたのだから、「環境権」という発想はなかった。憲法制定者が想像だにしなかった権利なのだから、憲法の中に、そのような規定がないのは当然である。けれども、社会が発展し、工業化や都市化が進み、経済が高度に成長するにつれて、日常生活の利便とひきかえに環境破壊や汚染がいちじるしく増大してくると、公害による被害から国民の健康を保護し、その生活環境の保全を図ることが必要になることはいうまでもない。

ではこの「新しい人権」に対応するため憲法の改正が必要だろうか。そうとはいえない。憲法が直接、環境権に言及していなくても、第一三条の「幸福追求権」や第二五条の「生存権」の意味の転換によってこれを根拠づけることができる。これは拡大解釈であるが、こうした形の条文の意味変化なら、私は積極的に認めてよいと思う。これは「国家権力の濫用を防ぎ、国民の権利・自由を守る」という、憲法規範の本来の意味を拡充発展させ、「強める」変化だからだ。これはむしろ時代の変化に応じた発展的な解釈だといってよい。九条に見られるような乖離は、憲法の本来の規定の意味を「弱める」変化だから、好ましいとは言えない。

私たちをとりまく政治・経済・社会の現実と、憲法の掲げる理想との間にズレがあまりに大きくなると、憲法の尊厳性を大きく傷つけるおそれがある。

いうまでもなく、憲法もつねに生きた社会とともに動き、社会の実態の変化に応ずる必要がある。だが憲法は国家の政治体制を規律する根本法だから、むやみに変えられることは好ましくない。憲法改正というのはつねに重大な政治的意味をもつからだ。

いまなお、規範としての意味を十分にもつ第九条

憲法はいま述べたように、国のあり方の基本を定める根本法だから、安定していなければならない。しかし、その「安定」とは、けっして「静止」ではない。憲法とて、時代の流れに超然たり得ない。現実の変化に合わせて憲法の意味内容が変化することは、不可避の現象だといってよい。だが、なにも条文を新たに増

補・改変せずとも、さきに挙げた「新しい人権」の例にみられるように、解釈によって変化に対応することは十分可能なのである。

とはいうものの自衛隊の存在は、どうみても憲法九条の本来の意味から大きく乖離《かいり》している。だが、実際政治のうえで九条が守られていないからといって、決してその本来の意味の存在理由を失ってしまったとは、私は思わない。九条があったからこそ、日本国民には平和尊重の精神が深く刻み込まれた。そして、政府もまた、九条の存在を強く意識しつつ政治を行ってきた。九条が国民生活の「安全弁」となったからこそ、半世紀以上にわたって日本は平和であり続けたともいえるのだ。

憲法九条は死文化したわけではない。現になお、その規範としての意味は十分にあることを見失ってはならない。どの国家機関も、九条と現実のつじつまを合わせる努力を続けているのが、そのなによりの証左である。憲法九条は、その規範と現実との間に大きなズレはあるが、なお厳《げん》として政府に足かせをする法規範として生きていると思う。私は、九条の規範の本来の意味が現実政治のうえで妥当しなくなったからといって、直ちにその条文が死文化したとか、変質したとか考えてはならないと思う。

憲法を壊す力から憲法を守るための努力を

国民の中には、いまの憲法に不満な人もあろう。憲法の定めた高い理想は、現実とは一致しない。私たちは誤ってこんな憲法をつくったのだから、改正しようという人もいるに違いない。どんな憲法にも不備な点はあり、どこの国にもいろいろな政治観があるのだから、憲法についてはさまざまな評価があり得ることは、否定しえない事実である。

平和と自由と人権を守るというのが、日本国憲法の根本精神だ。だが、自由や権利は、それを必死になって守ろうとする努力によってのみ守られるのであって、憲法に規定されたら自然に人権が保障されるというものではない。憲法の保障する自由や権利は、それを絶えず実現しようとする国民の力によって、真実に保障されるものだということを、忘れてはならぬと思う。

憲法のめざす高い理念を軽視したり無視したりするような政治や行政が行われるならば、いくら立派な憲法をつくっても、社会生活の根底がゆらいでしまう。私は日本国憲法そのものが「制度疲労」をきたしているとは思わない。むしろ、直接または間接に憲法を運用する任にある者、いいかえれば政治権力の行使に関与する人びとによって憲法の精神が歪《ゆが》められているように思われる。

だから、いま最小限必要なことは憲法を安易に改正することではなく、その精神を正しく理解し、憲法を壊す力から憲法を守るために、いっそうの努力を続けることである。

今後、政治過程の推移のなかで改憲問題がどう展開するかは定かではない。だが、憲法をつくる力が国民自身にあるかぎり、憲法の運命を決するのは、ほかならぬ国民なのである。いまこそ私たちはこのことをあらためて考えなくてはならぬと思う。

(『第三文明』二〇〇〇年八月号)

日本国憲法（全文）

国民主権をうち立てた民主日本の国民としては、少なくとも憲法の条文くらいは、ひととおり目をとおしておくべきものでしょう。

——宮沢俊義

憲法だけが他の法律よりも上位にある。憲法に反する法律はすべて無効であって、効力をもたない。合憲性の問題について答えうるためには、憲法の適用について学ばねばならぬ。

——E・シュタイン

日本国憲法

昭和二一年一一月三日公布
昭和二二年　五月三日施行

日本国民は、正当に選挙された国会における代表者を通じて行動し、われらとわれらの子孫のために、諸国民との協和による成果と、わが国全土にわたつて自由のもたらす恵沢を確保し、政府の行為によつて再び戦争の惨禍が起ることのないやうにすることを決意し、ここに主権が国民に存することを宣言し、この憲法を確定する。そもそも国政は、国民の厳粛な信託によるものであつて、その権威は国民に由来し、その権力は国民の代表者がこれを行使し、その福利は国民がこれを享受する。これは人類普遍の原理であり、この憲法は、かかる原理に基くものである。われらは、これに反する一切の憲法、法令及び詔勅を排除する。

日本国民は、恒久の平和を念願し、人間相互の関係を支配する崇高な理想を深く自覚するのであつて、平和を愛する諸国民の公正と信義に信頼して、われらの安全と生存を保持しようと決意した。われらは、平和を維持し、専制と隷従、圧迫と偏狭を地上から永遠に除去しようと努めてゐる国際社会において、名誉ある地位を占めたいと思ふ。われらは、全世界の国民が、ひとしく恐怖と欠乏から免かれ、平和のうちに生存する権利を有することを確認する。

われらは、いづれの国家も、自国のことのみに専念して他国を無視してはならないのであつて、政治道徳の法則は、普遍的なものであり、この法則に従ふことは、自国の主権を維持し、他国と対等関係に立たうとする各国の責務であると信ずる。

日本国民は、国家の名誉にかけ、全力をあげてこの崇高な理想と目的を達成することを誓ふ。

第一章　天　皇

第一条　【天皇の地位・国民主権】　天皇は、日本国の象徴であり日本国民統合の象徴であつて、この地位は、主権の存する日本国民の総意に基く。

第二条　【皇位の継承】　皇位は、世襲のものであつて、国会の議決した皇室典範の定めるところにより、これを継承する。

第三条【天皇の国事行為に対する内閣の助言と承認】 天皇の国事に関するすべての行為には、内閣の助言と承認を必要とし、内閣が、その責任を負ふ。

第四条【天皇の権能の限界、天皇の国事行為の委任】 ① 天皇は、この憲法の定める国事に関する行為のみを行ひ、国政に関する権能を有しない。

② 天皇は、法律の定めるところにより、その国事に関する行為を委任することができる。

第五条【摂政】 皇室典範の定めるところにより摂政を置くときは、摂政は、天皇の名でその国事に関する行為を行ふ。この場合には、前条第一項の規定を準用する。

第六条【天皇の任命権】 ① 天皇は、国会の指名に基いて、内閣総理大臣を任命する。

② 天皇は、内閣の指名に基いて、最高裁判所の長たる裁判官を任命する。

第七条【天皇の国事行為】 天皇は、内閣の助言と承認により、国民のために、左の国事に関する行為を行ふ。

一 憲法改正、法律、政令及び条約を公布すること。

二 国会を召集すること。

三 衆議院を解散すること。

四 国会議員の総選挙の施行を公示すること。

五 国務大臣及び法律の定めるその他の官吏の任免並びに全権委任状及び大使及び公使の信任状を認証すること。

六 大赦、特赦、減刑、刑の執行の免除及び復権を認証すること。

七 栄典を授与すること。

八 批准書及び法律の定めるその他の外交文書を認証すること。

九 外国の大使及び公使を接受すること。

十 儀式を行ふこと。

第八条【皇室の財産授受】 皇室に財産を譲り渡し、又は皇室が、財産を譲り受け、若しくは賜与することは、国会の議決に基かなければならない。

第二章　戦争の放棄

第九条【戦争の放棄、軍備及び交戦権の否認】

① 日本国民は、正義と秩序を基調とする国際平和を誠実に希求し、国権の発動たる戦争と、武力による威嚇又は武力の行使は、国際紛争を解決する手段としては、永久にこれを放棄する。

② 前項の目的を達するため、陸海空軍その他の戦力は、これを保持しない。国の交戦権は、これを認めない。

第三章　国民の権利及び義務

第一〇条【国民の要件】　日本国民たる要件は、法律でこれを定める。

第一一条【基本的人権の享有】　国民は、すべての基本的人権の享有を妨げられない。この憲法が国民に保障する基本的人権は、侵すことのできない永久の権利として、現在及び将来の国民に与へられる。

第一二条【自由・権利の保持の責任とその濫用の禁止】　この憲法が国民に保障する自由及び権利は、国民の不断の努力によつて、これを保持しなければならない。又、国民は、これを濫用してはならないのであつて、常に公共の福祉のためにこれを利用する責任を負ふ。

第一三条【個人の尊重と公共の福祉】　すべて国民は、個人として尊重される。生命、自由及び幸福追求に対する国民の権利については、公共の福祉に反しない限り、立法その他の国政の上で、最大の尊重を必要とする。

第一四条【法の下の平等、貴族の禁止、栄典】

① すべて国民は、法の下に平等であつて、人種、信条、性別、社会的身分又は門地により、政治的、経済的又は社会的関係において、差別されない。

② 華族その他の貴族の制度は、これを認めない。

③ 栄誉、勲章その他の栄典の授与は、いかなる特権も伴はない。栄典の授与は、現にこれを有し、又は将来これを受ける者の一代に限り、その効力を有する。

第一五条【公務員の選定及び罷免の権、公務員の本質、普通選挙の保障、秘密投票の保障】　① 公務員を選定し、及びこれを罷免することは、国民固有の権利である。
② すべて公務員は、全体の奉仕者であつて、一部の奉仕者ではない。
③ 公務員の選挙については、成年者による普通選挙を保障する。
④ すべて選挙における投票の秘密は、これを侵してはならない。選挙人は、その選択に関し公的にも私的にも責任を問はれない。
第一六条【請願権】 何人も、損害の救済、公務員の罷免、法律、命令又は規則の制定、廃止又は改正その他の事項に関し、平穏に請願する権利を有し、何人も、かかる請願をしたためにいかなる差別待遇も受けない。

第一七条【国及び公共団体の賠償責任】 何人も、公務員の不法行為により、損害を受けたときは、法律の定めるところにより、国又は公共団体に、その賠償を求めることができる。

第一八条【奴隷的拘束及び苦役からの自由】 何人も、いかなる奴隷的拘束も受けない。又、犯罪に因る処罰の場合を除いては、その意に反する苦役に服させられない。

第一九条【思想及び良心の自由】 思想及び良心の自由は、これを侵してはならない。

第二〇条【信教の自由】 ① 信教の自由は、何人に対してもこれを保障する。いかなる宗教団体も、国から特権を受け、又は政治上の権力を行使してはならない。
② 何人も、宗教上の行為、祝典、儀式又は行事に参加することを強制されない。
③ 国及びその機関は、宗教教育その他いかなる宗教的活動もしてはならない。
第二一条【集会・結社・表現の自由、通信の秘密】
① 集会、結社及び言論、出版その他一切の表現の自由は、これを保障する。
② 検閲は、これをしてはならない。通信の秘密は、これを侵してはならない。
第二二条【居住・移転及び職業選択の自由、外国移住及び国籍離脱の自由】 ① 何人も、公共の福祉に反しない限り、居住、移転及び職業選択の自由を有す

る。

② 何人も、外国に移住し、又は国籍を離脱する自由を侵されない。

第二三条【学問の自由】 学問の自由は、これを保障する。

第二四条【家族生活における個人の尊厳と両性の平等】 ① 婚姻は、両性の合意のみに基いて成立し、夫婦が同等の権利を有することを基本として、相互の協力により、維持されなければならない。

② 配偶者の選択、財産権、相続、住居の選定、離婚並びに婚姻及び家族に関するその他の事項に関しては、法律は、個人の尊厳と両性の本質的平等に立脚して、制定されなければならない。

第二五条【生存権、国の社会的使命】 ① すべて国民は、健康で文化的な最低限度の生活を営む権利を有する。

② 国は、すべての生活部面について、社会福祉、社会保障及び公衆衛生の向上及び増進に努めなければならない。

第二六条【教育を受ける権利、教育の義務】 ① すべて国民は、法律の定めるところにより、その能力に応じて、ひとしく教育を受ける権利を有する。

② すべて国民は、法律の定めるところにより、その保護する子女に普通教育を受けさせる義務を負ふ。義務教育は、これを無償とする。

第二七条【勤労の権利及び義務、勤労条件の基準、児童酷使の禁止】 ① すべて国民は、勤労の権利を有し、義務を負ふ。

② 賃金、就業時間、休息その他の勤労条件に関する基準は、法律でこれを定める。

③ 児童は、これを酷使してはならない。

第二八条【勤労者の団結権】 勤労者の団結する権利及び団体交渉その他の団体行動をする権利は、これを保障する。

第二九条【財産権】 ① 財産権は、これを侵してはならない。

② 財産権の内容は、公共の福祉に適合するやうに、法律でこれを定める。

③ 私有財産は、正当な補償の下に、これを公共のために用ひることができる。

第三〇条【納税の義務】 国民は、法律の定めるところにより、納税の義務を負ふ。

第三一条【法定の手続の保障】 何人も、法律の定める手続によらなければ、その生命若しくは自由を奪はれ、又はその他の刑罰を科せられない。

第三二条【裁判を受ける権利】 何人も、裁判所において裁判を受ける権利を奪はれない。

第三三条【逮捕の要件】 何人も、現行犯として逮捕される場合を除いては、権限を有する司法官憲が発し、且つ理由となつてゐる犯罪を明示する令状によらなければ、逮捕されない。

第三四条【抑留・拘禁の要件、不法拘禁に対する保障】 何人も、理由を直ちに告げられ、且つ、直ちに弁護人に依頼する権利を与へられなければ、抑留又は拘禁されない。又、何人も、正当な理由がなければ、拘禁されず、要求があれば、その理由は、直ちに本人及びその弁護人の出席する公開の法廷で示されなければならない。

第三五条【住居の不可侵】 ① 何人も、その住居、書類及び所持品について、侵入、捜索及び押収を受けることのない権利は、第三十三条の場合を除いては、正当な理由に基いて発せられ、且つ捜索する場所及び押収する物を明示する令状がなければ、侵されない。

② 捜索又は押収は、権限を有する司法官憲が発する各別の令状により、これを行ふ。

第三六条【拷問及び残虐刑の禁止】 公務員による拷問及び残虐な刑罰は、絶対にこれを禁ずる。

第三七条【刑事被告人の権利】 ① すべて刑事事件においては、被告人は、公平な裁判所の迅速な公開裁判を受ける権利を有する。

② 刑事被告人は、すべての証人に対して審問する機会を充分に与へられ、又、公費で自己のために強制的手続により証人を求める権利を有する。

③ 刑事被告人は、いかなる場合にも、資格を有する弁護人を依頼することができる。被告人が自らこれを依頼することができないときは、国でこれを附する。

第三八条【自己に不利益な供述、自白の証拠能力】

① 何人も、自己に不利益な供述を強要されない。

② 強制、拷問若しくは脅迫による自白又は不当に長く抑留若しくは拘禁された後の自白は、これを証拠とすることができない。
③ 何人も、自己に不利益な唯一の証拠が本人の自白である場合には、有罪とされ、又は刑罰を科せられない。

第三九条【遡及処罰の禁止・一事不再理】 何人も、実行の時に適法であつた行為又は既に無罪とされた行為については、刑事上の責任を問はれない。又、同一の犯罪について、重ねて刑事上の責任を問はれない。

第四〇条【刑事補償】 何人も、抑留又は拘禁された後、無罪の裁判を受けたときは、法律の定めるところにより、国にその補償を求めることができる。

第四章　国　会

第四一条【国会の地位・立法権】 国会は、国権の最高機関であつて、国の唯一の立法機関である。

第四二条【両院制】 国会は、衆議院及び参議院の両議院でこれを構成する。

第四三条【両議院の組織】 ① 両議院は、全国民を代表する選挙された議員でこれを組織する。
② 両議員の議員の定数は、法律でこれを定める。

第四四条【議員及び選挙人の資格】 両議院の議員及びその選挙人の資格は、法律でこれを定める。但し、人種、信条、性別、社会的身分、門地、教育、財産又は収入によつて差別してはならない。

第四五条【衆議院議員の任期】 衆議院議員の任期は、四年とする。但し、衆議院解散の場合には、その期間満了前に終了する。

第四六条【参議院議員の任期】 参議院議員の任期は、六年とし、三年ごとに議員の半数を改選する。

第四七条【選挙に関する事項】 選挙区、投票の方法その他両議院の議員の選挙に関する事項は、法律でこれを定める。

第四八条【両議院議員兼職の禁止】 何人も、同時に両議院の議員たることはできない。

第四九条【議員の歳費】 両議院の議員は、法律の定めるところにより、国庫から相当額の歳費を受ける。

第五〇条【議員の不逮捕特権】 両議院の議員は、法律の定める場合を除いては、国会の会期中逮捕されず、会期前に逮捕された議員は、その議院の要求があれば、会期中これを釈放しなければならない。

第五一条【議員の発言・表決の無責任】 両議院の議員は、議院で行つた演説、討論又は表決について、院外で責任を問はれない。

第五二条【常会】 国会の常会は、毎年一回これを召集する。

第五三条【臨時会】 内閣は、国会の臨時会の召集を決定することができる。いづれかの議院の総議員の四分の一以上の要求があれば、内閣は、その召集を決定しなければならない。

第五四条【衆議院の解散・特別会、参議院の緊急集会】

① 衆議院が解散されたときは、解散の日から四十日以内に、衆議院議員の総選挙を行ひ、その選挙の日から三十日以内に、国会を召集しなければならない。

② 衆議院が解散されたときは、参議院は、同時に閉会となる。但し、内閣は、国に緊急の必要があるときは、参議院の緊急集会を求めることができる。

③ 前項但書の緊急集会において採られた措置は、臨時のものであつて、次の国会開会の後十日以内に、衆議院の同意がない場合には、その効力を失ふ。

第五五条【資格争訟の裁判】 両議院は、各々その議員の資格に関する争訟を裁判する。但し、議員の議席を失はせるには、出席議員の三分の二以上の多数による議決を必要とする。

第五六条【定足数、表決】 ① 両議院は、各々その総議員の三分の一以上の出席がなければ、議事を開き議決することができない。

② 両議院の議事は、この憲法に特別の定のある場合を除いては、出席議員の過半数でこれを決し、可否同数のときは、議長の決するところによる。

第五七条【会議の公開、会議録、表決の記載】 ① 両議院の会議は、公開とする。但し、出席議員の三分の二以上の多数で議決したときは、秘密会を開くことができる。

② 両議院は、各々その会議の記録を保存し、秘密会の記録の中で特に秘密を要すると認められるもの以外は、これを公表し、且つ一般に頒布しなければな

らない。

③ 出席議員の五分の一以上の要求があれば、各議員の表決は、これを会議録に記載しなければならない。

第五八条　**【役員の選任、議院規則・懲罰】**　① 両議院は、各々その議長その他の役員を選任する。

② 両議院は、各々その会議その他の手続及び内部の規律に関する規則を定め、又、院内の秩序をみだした議員を懲罰することができる。但し、議員を除名するには、出席議員の三分の二以上の多数による議決を必要とする。

第五九条　**【法律案の議決、衆議院の優越】**　① 法律案は、この憲法に特別の定のある場合を除いては、両議院で可決したとき法律となる。

② 衆議院で可決し、参議院でこれと異なつた議決をした法律案は、衆議院で出席議員の三分の二以上の多数で再び可決したときは、法律となる。

③ 前項の規定は、法律の定めるところにより、衆議院が、両議院の協議会を開くことを求めることを妨げない。

④ 参議院が、衆議院の可決した法律案を受け取つた後、国会休会中の期間を除いて六十日以内に、議決しないときは、衆議院は、参議院がその法律案を否決したものとみなすことができる。

第六〇条　**【衆議院の予算先議、予算議決に関する衆議院の優越】**　① 予算は、さきに衆議院に提出しなければならない。

② 予算について、参議院で衆議院と異なつた議決をした場合に、法律の定めるところにより、両議院の協議会を開いても意見が一致しないとき、又は参議院が、衆議院の可決した予算を受け取つた後、国会休会中の期間を除いて三十日以内に、議決しないときは、衆議院の議決を国会の議決とする。

第六一条　**【条約の承認に関する衆議院の優越】**　条約の締結に必要な国会の承認については、前条第二項の規定を準用する。

第六二条　**【議院の国政調査権】**　両議院は、各々国政に関する調査を行ひ、これに関して、証人の出頭及び証言並びに記録の提出を要求することができる。

第六三条　**【閣僚の議院出席の権利と義務】**　内閣総理大臣その他の国務大臣は、両議院の一に議席を有すると有しないとにかかはらず、何時でも議案について発言するため議院に出席することができる。又、答弁又は説明のため出席を求められたときは、出席しなければならない。

第六四条【弾劾裁判所】① 国会は、罷免の訴追を受けた裁判官を裁判するため、両議院の議員で組織する弾劾裁判所を設ける。
② 弾劾に関する事項は、法律でこれを定める。

第五章　内　閣

第六五条【行政権】 行政権は、内閣に属する。

第六六条【内閣の組織、国会に対する連帯責任】
① 内閣は、法律の定めるところにより、その首長たる内閣総理大臣及びその他の国務大臣でこれを組織する。
② 内閣総理大臣その他の国務大臣は、文民でなければならない。
③ 内閣は、行政権の行使について、国会に対し連帯して責任を負ふ。

第六七条【内閣総理大臣の指名、衆議院の優越】
① 内閣総理大臣は、国会議員の中から国会の議決で、これを指名する。この指名は、他のすべての案件に先だつて、これを行ふ。
② 衆議院と参議院とが異なつた指名の議決をした場合に、法律の定めるところにより、両議院の協議会を開いても意見が一致しないとき、又は衆議院が指名の議決をした後、国会休会中の期間を除いて十日以内に、参議院が、指名の議決をしないときは、衆議院の議決を国会の議決とする。

第六八条【国務大臣の任命及び罷免】① 内閣総理大臣は、国務大臣を任命する。但し、その過半数は、国会議員の中から選ばれなければならない。
② 内閣総理大臣は、任意に国務大臣を罷免することができる。

第六九条【内閣不信任決議の効果】 内閣は、衆議院で不信任の決議案を可決し、又は信任の決議案を否決したときは、十日以内に衆議院が解散されない限り、総辞職をしなければならない。

第七〇条【総理の欠缺・新国会の召集と内閣の総辞職】 内閣総理大臣が欠けたとき、又は衆議院議員総選挙の後に初めて国会の召集があつたときは、内閣は、総辞職をしなければならない。
第七一条【総辞職後の内閣】 前二条の場合には、内閣は、あらたに内閣総理大臣が任命されるまで引き続きその職務を行ふ。
第七二条【内閣総理大臣の職務】 内閣総理大臣は、内閣を代表して議案を国会に提出し、一般国務及び外交関係について国会に報告し、並びに行政各部を指揮監督する。
第七三条【内閣の職務】 内閣は、他の一般行政事務の外、左の事務を行ふ。
一 法律を誠実に執行し、国務を総理すること。
二 外交関係を処理すること。
三 条約を締結すること。但し、事前に、時宜によつては事後に、国会の承認を経ることを必要とする。
四 法律の定める基準に従ひ、官吏に関する事務を掌理すること。
五 予算を作成して国会に提出すること。
六 この憲法及び法律の規定を実施するために、政令を制定すること。但し、政令には、特に、その法律の委任がある場合を除いては、罰則を設けることができない。
七 大赦、特赦、減刑、刑の執行の免除及び復権を決定すること。
第七四条【法律・政令の署名】 法律及び政令には、すべて主任の国務大臣が署名し、内閣総理大臣が連署することを必要とする。
第七五条【国務大臣の特典】 国務大臣は、その在任中、内閣総理大臣の同意がなければ、訴追されない。但し、これがため、訴追の権利は、害されない。

第六章　司　法

第七六条【司法権・裁判所、特別裁判所の禁止、裁判官の独立】 ① すべて司法権は、最高裁判所及び法律の定めるところにより設置する下級裁判所に属する。
② 特別裁判所は、これを設置することができない。行政機関は、終審として裁判を行ふことができない。
③ すべて裁判官は、その良心に従ひ独立してその職

権を行ひ、この憲法及び法律にのみ拘束される。

第七七条【最高裁判所の規則制定権】 ①最高裁判所は、訴訟に関する手続、弁護士、裁判所の内部規律及び司法事務処理に関する事項について、規則を定める権限を有する。

② 検察官は、最高裁判所の定める規則に従はなければならない。

③ 最高裁判所は、下級裁判所に関する規則を定める権限を、下級裁判所に委任することができる。

第七八条【裁判官の身分の保障】 裁判官は、裁判により、心身の故障のために職務を執ることができないと決定された場合を除いて、公の弾劾によらなければ罷免されない。裁判官の懲戒処分は、行政機関がこれを行ふことはできない。

第七九条【最高裁判所の裁判官、国民審査、定年、報酬】 ① 最高裁判所は、その長たる裁判官及び法律の定める員数のその他の裁判官でこれを構成し、その長たる裁判官以外の裁判官は、内閣でこれを任命する。

② 最高裁判所の裁判官の任命は、その任命後初めて行はれる衆議院議員総選挙の際国民の審査に付し、その後十年を経過した後初めて行はれる衆議院議員総選挙の際更に審査に付し、その後も同様とする。

③ 前項の場合において、投票者の多数が裁判官の罷免を可とするときは、その裁判官は、罷免される。

④ 審査に関する事項は、法律でこれを定める。

⑤ 最高裁判所の裁判官は、法律の定める年齢に達した時に退官する。

⑥ 最高裁判所の裁判官は、すべて定期に相当額の報酬を受ける。この報酬は、在任中、これを減額することができない。

第八〇条【下級裁判所の裁判官・任期・定年、報酬】

① 下級裁判所の裁判官は、最高裁判所の指名した者の名簿によつて、内閣でこれを任命する。その裁判官は、任期を十年とし、再任されることができる。但し、法律の定める年齢に達した時には退官する。

② 下級裁判所の裁判官は、すべて定期に相当額の報酬を受ける。この報酬は、在任中、これを減額することができない。

第八一条【法令審査権と最高裁判所】 最高裁判所は、

一切の法律、命令、規則又は処分が憲法に適合するかしないかを決定する権限を有する終審裁判所である。

第八二条　**【裁判の公開】**　①　裁判の対審及び判決は、公開法廷でこれを行ふ。

②　裁判所が、裁判官の全員一致で、公の秩序又は善良の風俗を害する虞があると決した場合には、対審は、公開しないでこれを行ふことができる。但し、政治犯罪、出版に関する犯罪又はこの憲法第三章で保障する国民の権利が問題となつてゐる事件の対審は、常にこれを公開しなければならない。

第七章　財　政

第八三条　**【財政処理の基本原則】**　国の財政を処理する権限は、国会の議決に基いて、これを行使しなければならない。

第八四条　**【課税】**　あらたに租税を課し、又は現行の租税を変更するには、法律又は法律の定める条件によることを必要とする。

第八五条　**【国費の支出及び国の債務負担】**　国費を支出し、又は国が債務を負担するには、国会の議決に基くことを必要とする。

第八六条　**【予算】**　内閣は、毎会計年度の予算を作成し、国会に提出して、その審議を受け議決を経なければならない。

第八七条　**【予備費】**　①　予見し難い予算の不足に充てるため、国会の議決に基いて予備費を設け、内閣の責任でこれを支出することができる。

②　すべて予備費の支出については、内閣は、事後に国会の承諾を得なければならない。

第八八条　**【皇室財産・皇室の費用】**　すべて皇室財産は、国に属する。すべて皇室の費用は、予算に計上して国会の議決を経なければならない。

第八九条　**【公の財産の支出又は利用の制限】**　公金その他の公の財産は、宗教上の組織若しくは団体の使用、便益若しくは維持のため、又は公の支配に属しない慈善、教育若しくは博愛の事業に対し、これを支出し、又はその利用に供してはならない。

第九〇条　**【決算検査、会計検査院】**　①　国の収入支出の決算は、すべて毎年会計検査院がこれを検査し、内閣は、次の年度に、その検査報告とともに、これを国会に提出しなければならない。

② 会計検査院の組織及び権限は、法律でこれを定める。

第九一条【財政状況の報告】 内閣は、国会及び国民に対し、定期に、少くとも毎年一回、国の財政状況について報告しなければならない。

第八章 地方自治

第九二条【地方自治の基本原則】 地方公共団体の組織及び運営に関する事項は、地方自治の本旨に基いて、法律でこれを定める。

第九三条【地方公共団体の機関、その直接選挙】 ① 地方公共団体には、法律の定めるところにより、その議事機関として議会を設置する。

② 地方公共団体の長、その議会の議員及び法律の定めるその他の吏員は、その地方公共団体の住民が、直接これを選挙する。

第九四条【地方公共団体の権能】 地方公共団体は、その財産を管理し、事務を処理し、及び行政を執行する権能を有し、法律の範囲内で条例を制定することができる。

第九五条【特別法の住民投票】 一の地方公共団体のみに適用される特別法は、法律の定めるところにより、その地方公共団体の住民の投票においてその過半数の同意を得なければ、国会は、これを制定することができない。

第九章 改　正

第九六条【改正の手続、その公布】 ① この憲法の改正は、各議院の総議員の三分の二以上の賛成で、国会が、これを発議し、国民に提案してその承認を経なければならない。この承認には、特別の国民投票又は国会の定める選挙の際行はれる投票において、その過半数の賛成を必要とする。

② 憲法改正について前項の承認を経たときは、天皇は、国民の名で、この憲法と一体を成すものとして、直ちにこれを公布する。

第十章 最高法規

第九七条　【基本的人権の本質】　この憲法が日本国民に保障する基本的人権は、人類の多年にわたる自由獲得の努力の成果であつて、これらの権利は、過去幾多の試錬に堪へ、現在及び将来の国民に対し、侵すことのできない永久の権利として信託されたものである。

第九八条　【最高法規、条約及び国際法規の遵守】

①　この憲法は、国の最高法規であつて、その条規に反する法律、命令、詔勅及び国務に関するその他の行為の全部又は一部は、その効力を有しない。

②　日本国が締結した条約及び確立された国際法規は、これを誠実に遵守することを必要とする。

第九九条　【憲法尊重擁護の義務】　天皇又は摂政及び国務大臣、国会議員、裁判官その他の公務員は、この憲法を尊重し擁護する義務を負ふ。

第十一章　補　則

第一〇〇条　【憲法施行期日、準備手続】　①　この憲法は、公布の日から起算して六箇月を経過した日（昭和二二・五・三）から、これを施行する。

②　この憲法を施行するために必要な法律の制定、参議院議員の選挙及び国会召集の手続並びにこの憲法を施行するために必要な準備手続は、前項の期日よりも前に、これを行ふことができる。

第一〇一条　【経過規定―参議院未成立の間の国会】　この憲法施行の際、参議院がまだ成立してゐないときは、その成立するまでの間、衆議院は、国会としての権限を行ふ。

第一〇二条　【同前―第一期の参議院議員の任期】　この憲法による第一期の参議院議員のうち、その半数の者の任期は、これを三年とする。その議員は、法律の定めるところにより、これを定める。

第一〇三条　【同前―公務員の地位】　この憲法施行の際現に在職する国務大臣、衆議院議員及び裁判官並びにその他の公務員で、その地位に相応する地位がこの憲法で認められてゐる者は、法律で特別の定をした場合を除いては、この憲法施行のため、当然にはその地位を失ふことはない。但し、この憲法によつて、後任者が選挙又は任命されたときは、当然その地位を失ふ。

マッカーサー草案（邦訳）

最高司令官は、日本国民が自由で開明的な憲法を非常に強く必要としているということを十分に了解しています。この憲法草案の中で明らかにされている諸原則は、日本における自由で民主主義的な政治とポツダム宣言の諸条項実施との基礎となるものであり、したがってこの憲法草案は、最高司令官および連合国が日本の政治の基礎として受け容れてよいと考えている諸原則を示しているものであります。

——C・ホイットニー

マッカーサー草案

我等日本国人民ハ、国民議会ニ於ケル正当ニ選挙セラレタル我等ノ代表者ヲ通シテ行動シ、我等自身及我等ノ子孫ノ為ニ諸国民トノ平和的協力及此ノ国全土ニ及フ自由ノ祝福ノ成果ヲ確保スヘク決心シ、且政府ノ行為ニ依リ再ヒ戦争ノ恐威ニ訪レラレサルヘク決意シ、茲ニ人民ノ意思ノ主権ヲ宣言シ、国政ハ其ノ権能ハ人民ヨリ承ケ其ノ権力ハ人民ノ代表者ニ依リ行使セラレ而シテ其ノ利益ハ人民ニ依リ享有セラルル神聖ナル信託ナリトノ普遍的原則ノ上ニ立ツ所ノ此ノ憲法ヲ制定確立ス、而シテ我等ハ此ノ憲法ト牴触スル一切ノ憲法、命令、法律及詔勅ヲ排斥及廃止ス

我等ハ永世ニ亘リ平和ヲ希求シ且今ヤ人類ヲ揺リ動カシツツアル人間関係支配ノ高貴ナル理念ヲ満全ニ自覚シテ、我等ノ安全及生存ヲ維持スル為世界ノ平和愛好諸国民ノ正義ト信義トニ信倚センコトニ意ヲ固メタリ、我等ハ平和ノ維持並ニ横暴、奴隷、圧制及無慈悲ヲ永遠ニ地上ヨリ追放スルコトヲ主義方針トスル国際社会内ニ名誉ノ地位ヲ占メンコトヲ欲求ス、我等ハ万国民等シク恐怖ト欠乏ニ虐ケラルル憂ナク平和ノ裏ニ生存スル権利ヲ有スルコトヲ承認シ且之ヲ表白ス

我等ハ如何ナル国民モ単ニ自己ニ対シテノミ責任ヲ有スルニアラスシテ政治道徳ノ法則ハ普遍的ナリト信ス、而シテ斯ノ如キ法則ヲ遵奉スルコトハ自己ノ主権ヲ維持シ他国民トノ主権ニ基ク関係ヲ正義付ケントスル諸国民ノ義務ナリト信ス

我等日本国人民ハ此等ノ尊貴ナル主義及目的ヲ我等ノ国民的名誉、決意及総力ニ懸ケテ誓フモノナリ

第一章　皇　帝

第一条　皇帝ハ国家ノ象徴ニシテ又人民ノ統一ノ象徴タルヘシ彼ハ其ノ地位ヲ人民ノ主権意思ヨリ承ケ之ヲ他ノ如何ナル源泉ヨリモ承ケス

第二条　皇位ノ継承ハ世襲ニシテ国会ノ制定スル皇室典範ニ依ルヘシ

第三条　国事ニ関スル皇帝ノ一切ノ行為ニハ内閣ノ輔弼及協賛ヲ要ス而シテ内閣ハ之カ責任ヲ負フヘシ

皇帝ハ此ノ憲法ノ規定スル国家ノ機能ヲノミ行フヘシ彼ハ政治上ノ権限ヲ有セス又之ヲ把握シ又ハ賦与セラルルコト無カルヘシ

皇帝ハ其ノ機能ヲ法律ノ定ムル所ニ従ヒ委任スルコトヲ得

第四条　国会ノ制定スル皇室典範ノ規定ニ従ヒ摂政ヲ置クトキハ皇帝ノ責務ハ摂政之ヲ皇帝ノ名ニ於テ行フヘシ而シテ此ノ憲法ニ定ムル所ノ皇帝ノ機能ニ対スル制限ハ摂政ニ対シ等シク適用セラルヘシ

第五条　皇帝ハ国会ノ指名スル者ヲ総理大臣ニ任命ス

第六条　皇帝ハ内閣ノ輔弼及協賛ニ依リテノミ行動シ人民ニ代リテ国家ノ左ノ機能ヲ行フヘシ即

国会ノ制定スル一切ノ法律、一切ノ内閣命令、此ノ憲法ノ一切ノ改正並ニ一切ノ条約及国際規約ニ皇璽ヲ欽シテ之ヲ公布ス

国会ヲ召集ス

国会ヲ解散ス

総選挙ヲ命ス

国務大臣、大使及其ノ他ノ国家ノ官吏ニシテ法律ノ規定ニ依リ其ノ任命又ハ嘱託及辞職又ハ免職カ此ノ方法ニテ公証セラルヘキモノノ任命又ハ嘱託及辞職又ハ免職ヲ公証ス

大赦、恩赦、減刑、執行猶予及復権ヲ公証ス

栄誉ヲ授与ス

外国ノ大使及公使ヲ受ク

適当ナル式典ヲ執行ス

第七条　国会ノ許諾ナクシテハ皇位ニ金銭又ハ其ノ他ノ財産ヲ授与スルコトヲ得ス又皇位ハ何等ノ支出ヲ為スコトヲ得ス

第二章　戦争ノ廃棄

第八条　国民ノ一主権トシテノ戦争ハ之ヲ廃止ス他ノ国民トノ紛争解決ノ手段トシテノ武力ノ威嚇又ハ使用ハ永久ニ之ヲ廃棄ス

陸軍、海軍、空軍又ハ其ノ他ノ戦力ハ決シテ許諾セラルルコト無カルヘク又交戦状態ノ権利ハ決シテ国家ニ授与セラルルコト無カルヘシ

第三章　人民ノ権利及義務

第九条　日本国ノ人民ハ何等ノ干渉ヲ受クルコト無クシテ一切ノ基本的人権ヲ享有スル権利ヲ有ス

第一〇条　此ノ憲法ニ依リ日本国ノ人民ニ保障セラルル基本的人権ハ人類ノ自由タラントスル積年ノ闘争ノ結果ナリ時ト経験ノ坩堝ノ中ニ於テ永続性ニ対スル厳酷ナル試練ニ克ク耐ヘタルモノニシテ永世不可侵トシテ現在及将来ノ人民ニ神聖ナル委託ヲ以テ賦与セラルルモノナリ

第一一条　此ノ憲法ニ依リ宣言セラルル自由、権利及機会ハ人民ノ不断ノ監視ニ依リ確保セラルルモノニシテ人民ハ其ノ濫用ヲ防キ常ニ之ヲ共同ノ福祉ノ為ニ行使スル義務ヲ有ス

第一二条　日本国ノ封建制度ハ終止スヘシ一切ノ日本人ハ其ノ人類タルコトニ依リ個人トシテ尊敬セラルヘシ一般ノ福祉ノ限度内ニ於テ生命、自由及幸福探求ニ対スル其ノ権利ハ一切ノ法律及一切ノ政治的行為ノ至上考慮タルヘシ

第一三条　一切ノ自然人ハ法律上平等ナリ政治的、経済的又ハ社会的関係ニ於テ人種、信条、性別、社会的身分、階級又ハ国籍起源ノ如何ニ依リ如何ナル差別的待遇モ許容又ハ黙認セラルルコト無カルヘシ

爾今以後何人モ貴族タルノ故ヲ以テ国又ハ地方ノ如何ナル政治的権力ヲモ有スルコト無カルヘシ

皇族ヲ除クノ外貴族ノ権利ハ現存ノ者ノ生存中ヲ限リ之ヲ廃止ス栄誉、勲章又ハ其ノ他ノ優遇ノ授与ニハ何等ノ特権モ付随セサルヘシ又右ノ授与ハ現ニ之ヲ有スル又ハ将来之ヲ受クル個人ノ生存中ヲ限リ其ノ効力ヲ失フヘシ

第一四条 人民ハ其ノ政府及皇位ノ終局的決定者ナリ彼等ハ其ノ公務員ヲ選定及罷免スル不可譲ノ権利ヲ有ス

一切ノ公務員ハ全社会ノ奴僕ニシテ如何ナル団体ノ奴僕ニモアラス

有ラユル選挙ニ於テ投票ノ秘密ハ不可侵ニ保タルヘシ選挙人ハ其ノ選択ニ関シ公的ニモ私的ニモ責ヲ問ハルルコト無カルヘシ

第一五条 何人モ損害ノ救済、公務員ノ罷免及法律、命令又ハ規則ノ制定、廃上又ハ改正ニ関シ平穏ニ請願ヲ為ス権利ヲ有ス又何人モ右ノ如キ請願ヲ主唱シタルコトノ為ニ如何ナル差別的待遇ヲモ受クルコト無カルヘシ

第一六条 外国人ハ平等ニ法律ノ保護ヲ受クル権利ヲ有ス

第一七条 何人モ奴隷、農奴又ハ如何ナル種類ノ奴隷役務ニ服セシメラルルコト無カルヘシ犯罪ノ為ノ処罰ヲ除クノ外本人ノ意思ニ反スル服役ハ之ヲ禁ス

第一八条 思想及良心ノ自由ハ不可侵タルヘシ

第一九条 宗教ノ自由ハ何人ニモ保障セラル如何ナル宗教団体モ国家ヨリ特別ノ特権ヲ受クルコト無カルヘク又政治上ノ権限ヲ行使スルコト無カルヘシ

何人モ宗教的ノ行為、祝典、式典又ハ行事ニ参加スルコトヲ強制セラレサルヘシ

国家及其ノ機関ハ宗教教育又ハ其ノ他如何ナル宗教的活動ヲモ為スヘカラス

第二〇条 集会、言論及定期刊行物並ニ其ノ他一切ノ表現形式ノ自由ヲ保障ス検閲ハ之ヲ禁シ通信手段ノ秘密ハ之ヲ侵ス可カラス

第二一条 結社、運動及住居選定ノ自由ハ一般ノ福祉ト牴触セサル範囲内ニ於テ何人ニモ之ヲ保障ス

何人モ外国ニ移住シ又ハ国籍ヲ変更スル自由ヲ有ス

第二二条 学究上ノ自由及職業ノ選択ハ之ヲ保障ス

第二三条 家族ハ人類社会ノ基底ニシテ其ノ伝統ハ善カレ悪シカレ国民ニ滲透ス婚姻ハ男女両性ノ法律上及社会上ノ争フ可カラサル平等ノ上ニ存シ両親ノ強要ノ代リニ相互同意ノ上ニ基礎ツケラレ且男性支配ノ代リニ協力ニ依リ維持セラルヘシ此等ノ原則ニ反スル諸法律ハ廃止セラレ配偶ノ選択、財産権、相続、住所ノ選定、離婚並ニ婚姻及家族ニ関スル其ノ他ノ事項ヲ個人ノ威厳及両性ノ本質的平等ニ立脚スル他ノ法律ヲ以テ之ニ代フヘシ

第二四条 有ラユル生活範囲ニ於テ法律ハ社会的福祉、自由、正義及民主主義ノ向上発展ノ為ニ立案セラルヘシ

無償、普遍的且強制的ナル教育ヲ設立スヘシ

児童ノ私利的酷使ハ之ヲ禁止スヘシ

公共衛生ヲ改善スヘシ

社会的安寧ヲ計ルヘシ

労働条件、賃銀及勤務時間ノ規準ヲ定ムヘシ

第二五条　何人モ働ク権利ヲ有ス

第二六条　労働者カ団結、商議及集団行為ヲ為ス権利ハ之ヲ保障ス

第二七条　財産ヲ所有スル権利ハ不可侵ナリ然レトモ財産権ハ公共ノ福祉ニ従ヒ法律ニ依リ定義セラルヘシ

第二八条　土地及一切ノ天然資源ノ究極的所有権ハ人民ノ集団的代表者トシテノ国家ニ帰属ス国家ハ土地又ハ其ノ他ノ天然資源ヲ其ノ保存、開発、利用又ハ管理ヲ確保又ハ改善スル為ニ公正ナル補償ヲ払ヒテ収用スルコトヲ得

第二九条　財産ヲ所有スル者ハ義務ヲ負フ其ノ使用ハ公共ノ利益ノ為タルヘシ国家ハ公正ナル補償ヲ払ヒテ私有財産ヲ公共ノ利益ノ為ニ収用スルコトヲ得

第三〇条　何人モ裁判所ノ当該官吏カ発給シ訴追ノ理由タル犯罪ヲ明示セル逮捕状ニ依ルニアラスシテ逮捕セラルルコト無カルヘシ但シ犯罪ノ実行中ニ逮捕セラルル場合ハ此ノ限ニ在ラス

第三一条　何人モ訴追ノ趣旨ヲ直チニ告ケラルルコト無ク又ハ直チニ弁護人ヲ依頼スル特権ヲ与ヘラルルコト無クシテ逮捕又ハ拘留セラレサルヘシ何人モ交通禁断者トセラルルコト無カルヘシ何人モ適当ナル理由無クシテ拘留セラレサルヘシ要求アルトキハ右理由ハ公開廷ニテ本人及其ノ弁護人ノ面前ニ於テ直チニ開示セラルヘシ

第三二条　何人モ国会ノ定ムル手続ニ依ルニアラサレハ其ノ生命若ハ自由ヲ奪ハレ又ハ刑罰ヲ科セラルルコト無カルヘシ又何人モ裁判所ニ上訴ヲ提起スル権利ヲ奪ハルルコト無カルヘシ

第三三条　人民カ其ノ身体、家庭、書類及所持品ニ対シ侵入、捜索及押収ヨリ保障セラルル権利ハ相当ノ理由ニ基キテノミ発給セラレ殊ニ捜索セラルヘキ場所及拘禁又ハ押収セラルヘキ人又ハ物ヲ表示セル司法逮捕状ニ依ルニアラスシテ害セラルルコト無カルヘシ

各捜索又ハ拘禁若ハ押収ハ裁判所ノ当該官吏ノ発給セル各別ノ逮捕状ニ依リテ行ハルヘシ

第三四条　公務員ニ依ル拷問ハ絶対ニ之ヲ禁ス

第三五条　過大ナル保釈金ヲ要求スヘカラス又残虐若ハ異常ナル刑罰ヲ科スヘカラス

第三六条　一切ノ刑事訴訟事件ニ於テ被告人ハ公平ナル裁判所ノ迅速ナル公開裁判ヲ受クル権利ヲ享有スヘシ

刑事被告人ハ一切ノ証人ヲ反対訊問スル有ラユル機会ヲ与ヘラルヘク又自己ノ為ノ証人ヲ公費ヲ以テ獲得スル強制的手続ニ対スル権利ヲ有スヘシ

被告人ハ常ニ資格アル弁護人ヲ依頼シ得ヘク若シ自己ノ努力ニ依リ弁護人ヲ得ル能ハサルトキハ政府ニ依リ弁護人ヲ附

添セラルヘシ

第三七条　何人モ管轄権有ル裁判所ニ依ルニアラサレハ有罪ト宣言セラルルコト無カルヘシ

何人モ同一ノ犯罪ニ因リ再度厄ニ遭フコト無カルヘシ

第三八条　何人モ自己ニ不利益ナル証言ヲ為スコトヲ強要セラレサルヘシ

自白ハ強制、拷問若ハ脅迫ノ下ニ為サレ又ハ長期ニ亘ル逮捕若ハ拘留ノ後ニ為サレタルトキハ証拠トシテ許容セラレサルヘシ

何人モ自己ニ不利益ナル唯一ノ証拠カ自己ノ自白ナル場合ニ於テハ有罪ノ判決又ハ刑ノ宣告ヲ受クルコト無カルヘシ

第三九条　何人モ実行ノ時ニ於テ合法ナリシ行為ニ因リ刑罰ヲ科セラルルコト無カルヘシ

第四章　国　会

第四〇条　国会ハ国家ノ権力ノ最高ノ機関ニシテ国家ノ唯一ノ法律制定機関タルヘシ

第四一条　国会ハ三百人ヨリ少カラス五百人ヲ超エサル選挙セラレタル議員ヨリ成ル単一ノ院ヲ以テ構成ス

第四二条　選挙人及国会議員候補者ノ資格ハ法律ヲ以テ之ヲ定ムヘシ而シテ右資格ヲ定ムルニ当リテハ性別、人種、信条、皮膚色又ハ社会上ノ身分ニ因リ何等ノ差別ヲ為スヲ得ス

第四三条　国会議員ハ国庫ヨリ法律ノ定ムル適当ノ報酬ヲ受クヘシ

第四四条　国会議員ハ法律ノ規定スル場合ヲ除クノ外如何ナル場合ニ於テモ国会ノ議事ニ出席中又ハ之ニ出席スル為ノ往復ノ途中ニ於テ逮捕セラルルコト無カルヘク又国会ニ於ケル演説、討議又ハ投票ニ因リ国会以外ニ於テ法律上ノ責ヲ問ハルルコト無カルヘシ

第四五条　国会議員ノ任期ハ四年トス然レトモ此ノ憲法ノ規定スル国会解散ニ因リ満期以前ニ終了スルコトヲ得

第四六条　選挙、任命及投票ノ方法ハ法律ニ依リ之ヲ定ムヘシ

第四七条　国会ハ少クトモ毎年一回之ヲ召集スヘシ

第四八条　内閣ハ臨時議会ヲ召集スルコトヲ得国会議員ノ二割ヨリ少カラサル者ノ請願アリタルトキハ之ヲ召集スルコトヲ要ス

第四九条　国会ハ選挙及議員ノ資格ノ唯一ノ裁決者タルヘシ当選ノ証明ヲ有スルモ其ノ効力ニ疑アル者ノ当選ヲ拒否セントスルトキハ出席議員ノ多数決ニ依ルヲ要ス

第五〇条　議事ヲ行フニ必要ナル定足数ハ議員全員ノ三分ノ一ヨリ少カラサル数トス此ノ憲法ニ規定スル場合ヲ除クノ外国会ノ行為ハ凡ヘテ出席議員ノ多数決ニ依ルヘシ可否同数ナルトキハ議長ノ決スル所ニ依ル

第五一条　国会ハ議長及其ノ他ノ役員ヲ選定スヘシ国会ハ議事規則ヲ定メ並ニ議員ヲ無秩序ナル行動ニ因リ処罰及除名スルコトヲ得議員除名ノ動議有リタル場合ニ之ヲ実行セントスルトキハ出席議員ノ三分ノ二ヨリ少カラサル者ノ賛成ヲ要ス

第五二条　法律ハ法律案ニ依ルニアラサレハ之ヲ議決スルコトヲ得ス

第五三条　国会ノ議事ハ之ヲ公開スヘク秘密会議ハ之ヲ開クコトヲ得ス国会ハ其ノ議事ノ記録ヲ保存シ且発表スヘク一般公衆ハ此ノ記録ヲ入手シ得ヘシ出席議員ニ割ノ要求アルトキハ議題ニ対スル各議員ノ賛否ヲ議事録ニ記載スヘシ

第五四条　国会ハ調査ヲ行ヒ証人ノ出頭及証言供述並ニ記録ノ提出ヲ強制シ且之ニ応セサル者ヲ処罰スル権限ヲ有スヘシ

第五五条　国会ハ出席議員ノ多数決ヲ以テ総理大臣ヲ指定スヘシ総理大臣ノ指定ハ国会ノ他ノ一切ノ事務ニ優先シテ行ハルヘシ

国会ハ諸般ノ国務大臣ヲ設定スヘシ

第五六条　総理大臣及国務大臣ハ国会ニ議席ヲ有スルト否トニ拘ハラス何時ニテモ法律案ヲ提出シ討論スル目的ヲ以テ出席スルコトヲ得質問ニ答弁スルコトヲ要求セラレタルトキハ出席スヘシ

第五七条　内閣ハ国会カ全議員ノ多数決ヲ以テ不信任案ノ決議ヲ通過シタル後又ハ信任案ヲ通過セサリシ後十日以内ニ辞職シ又ハ国会ニ解散ヲ命スヘシ国会カ解散ヲ命セラレタトキハ解散ノ日ヨリ三十日ヨリ少カラス四十日ヲ超エサル期間内ニ特別選挙ヲ行フヘシ新タニ選挙セラレタル国会ハ選挙ノ日ヨリ三十日以内ニ之ヲ召集スヘシ

第五八条　国会ハ罷免訴訟ノ被告タル司法官ヲ裁判スル為議員中ヨリ弾劾裁判所ヲ構成スヘシ

第五九条　国会ハ此ノ憲法ノ規定ヲ施行スル為必要ニシテ適当ナル一切ノ法律ヲ制定スヘシ

第五章　内　閣

第六〇条　行政権ハ内閣ニ帰属ス

第六一条　内閣ハ其ノ首長タル総理大臣及国会ニ依リ授権セラルル其ノ他ノ国務大臣ヲ以テ構成ス

内閣ハ行政権ノ執行ニ当リ国会ニ対シ集団的ニ責任ヲ負フ

第六二条　総理大臣ハ国会ノ輔弼及協賛ヲ以テ国務大臣ヲ任命スヘシ

総理大臣ハ個々ノ国務大臣ヲ任意ニ罷免スルコトヲ得

第六三条　総理大臣欠員ト為リタルトキ又ハ新国会ヲ召集シタルトキハ内閣ハ総辞職ヲ為スヘク新総理大臣指名セラルヘシ

右指名アルマテハ内閣ハ其ノ責務ヲ行フヘシ

第六四条　総理大臣ハ内閣ニ代リテ法律案ヲ提出シ一般国務及外交関係ヲ国会ニ報告シ並ニ行政府ノ各部及各支部ノ指揮及監督ヲ行フ

第六五条　内閣ハ他ノ行政的責任ノホカ

法律ヲ忠実ニ執行シ国務ヲ管理スヘシ

外交関係ヲ処理スヘシ

公共ノ利益ト認ムル条約、国際規約及協定ヲ事前ノ授権又ハ事後ノ追認ニ依ル国会ノ協賛ヲ以テ締結スヘシ

国会ノ定ムル規準ニ従ヒ内政事務ヲ処理スヘシ

年次予算ヲ作成シテ之ヲ国会ニ提出スヘシ

此ノ憲法及法律ノ規定ヲ実行スル為命令及規則ヲ発スヘシ然レトモ右命令又ハ規則ハ刑罰規定ヲ包含スヘカラス

大赦、恩赦、減刑、執行猶予及復権ヲ賦与スヘシ

第六六条　一切ノ国会制定法及行政命令ハ当該国務大臣之ニ署名シ総理大臣之ニ副署スヘシ

第六七条　内閣大臣ハ総理大臣ノ承諾無クシテ在任中訴追セラルルコト無カルヘシ然レトモ此ノ理由ニ因リ如何ナル訴権モ害セラルルコトナシ

第六章　司　法

第六八条　強力ニシテ独立ナル司法府ハ人民ノ権利ノ保塁ニシテ全司法権ハ最高法院及国会ノ随時設置スル下級裁判所ニ帰属ス

特別裁判所ハ之ヲ設置スヘカラス又行政府ノ如何ナル機関又ハ支部ニモ最終的司法権ヲ賦与スヘカラス

判事ハ凡ヘテ其ノ良心ノ行使ニ於テ独立タルヘク此ノ憲法及其レニ基キ制定セラルル法律ニノミ拘束セラルヘシ

第六九条　最高法院ハ規則制定権ヲ有シ其レニ依リ訴訟手続規則、弁護士ノ資格、裁判所ノ内部規律、司法行政並ニ司法権ノ自由ナル行使ニ関係アル其ノ他ノ事項ヲ定ム

検事ハ裁判所ノ職員ニシテ裁判所ノ規則制定権ニ服スヘシ

最高法院ハ下級裁判所ノ規則ヲ制定スル権限ヲ下級裁判所ニ委任スルコトヲ得

第七〇条　判事ハ公開ノ弾劾ニ依リテノミ罷免スルコトヲ得行政機関又ハ支部ニ依リ懲戒処分ニ付セラルルコト無カルヘシ

第七一条　最高法院ハ首席判事及国会ノ定ムル員数ノ普通判事ヲ以テ構成ス右判事ハ凡ヘテ内閣ニ依リ任命セラレ不都合ノ所為無キ限リ満七十歳ニ到ルマテ其ノ職ヲ免セラルルコト無カルヘシ但シ右任命ハ凡ヘテ任命後最初ノ総選挙ニ於テ、爾後は次ノ先位確認後十暦年経過直後行ハルル総選挙ニ於テ、審査セラルヘシ若シ選挙民カ判事ノ罷免ヲ多数決ヲ以テ議決シタルトキハ右判事ノ職ハ欠員ト為ルヘシ

右ノ如キ判事ハ凡ヘテ定期ニ適当ノ報酬ヲ受クヘシ報酬ハ任期中減額セラルルコト無カルヘシ

第七二条　下級裁判所ノ判事ハ各欠員ニ付最高法院ノ指名スル少クトモ二人以上ノ候補者ノ氏名ヲ包含スル表ノ中ヨリ内閣之ヲ任命スヘシ右判事ハ凡ヘテ十年ノ任期ヲ有スヘク再任ノ特権ヲ有シ定期ニ適当ノ報酬ヲ受クヘシ報酬ハ任期中減額セラルルコト無カルヘシ判事ハ満七十歳ニ達シタルトキハ退職スヘシ

第七三条　最高法院ハ最終裁判所ナリ法律、命令、規則又ハ官憲ノ行為ノ憲法上合法ナリヤ否ヤノ決定カ問題ト為リタルトキハ憲法第三章ニ基ク又ハ関連スル有ラユル場合ニ於テハ最高法院ノ判決ヲ以テ最終トス法律、命令、規則又ハ官憲ノ行為ノ憲法上合法ナリヤ否ヤノ決定カ問題ト為リタル其ノ他有ラユル場合ニ於テハ国会ハ最高法院ノ判決ヲ再審スルコトヲ

得

再審ニ付スルコトヲ得ル最高法院ノ判決ハ国会議員全員ノ三分ノ二ノ賛成ヲ以テノミ之ヲ破棄スルコトヲ得国会ハ最高法院ノ判決ノ再審ニ関スル手続規則ヲ制定スヘシ

第七四条　外国ノ大使公使及領事官ニ関係アル一切ノ事件ニ於テハ最高法院ハ専属的原始管轄ヲ有ス

第七五条　裁判ハ公開廷ニ於テ行ヒ判決ハ公然言ヒ渡スヘシ然レトモ裁判所カ公開ヲ公ノ秩序又ハ善良ノ風俗ニ害有リト全員一致ヲ以テ決スルトキハ非公開ニテ裁判ヲ行フコトヲ得但シ政治的犯罪、定期刊行物ノ犯罪及此ノ憲法第三章ノ確保スル人民ノ権利カ問題ト為レル場合ニ於ケル裁判ハ例外ナク公開セラルヘシ

第七章　財　政

第七六条　租税ヲ徴シ、金銭ヲ借入レ、資金ヲ使用シ並ニ硬貨及通貨ヲ発行シ及其ノ価格ヲ規整スル権限ハ国会ヲ通シテ行使セラルヘシ

第七七条　国会ノ行為ニ依リ又ハ国会ノ定ムル条件ニ依ルニアラサレハ新タニ租税ヲ課シ又ハ現行ノ租税ヲ変更スルコトヲ得ス

此ノ憲法発市ノ時ニ於テ効力ヲ有スル一切ノ租税ハ現行ノ規則カ国会ニ依リ変更セラルルマテ引キ続キ現行ノ規則ニ従ヒ徴集セラルヘシ

第七八条　充当スヘキ特別予算無クシテ契約ヲ締結スヘカラス又国会ノ承認ヲ得ルニアラサレハ国家ノ資産ヲ貸与スヘカラス

第七九条　内閣ハ一切ノ支出計画並ニ歳入及借入予想ヲ含ム次期会計年度ノ全財政計画ヲ示ス年次予算ヲ作成シ之ヲ国会ニ提出スヘシ

第八〇条　国会ハ予算ノ項目ヲ不承認、減額、増額若ハ却下シ又ハ新タナル項目ヲ追加スルコトヲ得

国会ハ如何ナル会計年度ニ於テモ借入金額ヲ含ム同年度ノ予想歳入ヲ超過スル金銭ヲ支出スヘカラス

第八一条　予期セサル予算ノ不足ニ備フル為内閣ノ直接監督ノ下ニ支出スヘキ予備費ヲ設クルコトヲ許スコトヲ得

内閣ハ予備費ヲ以テスル一切ノ支出ニ関シ国会ニ対シ責任ヲ負フヘシ

第八二条　世襲財産ヲ除クノ外皇室ノ一切ノ財産ハ国民ニ帰属スヘシ一切ノ皇室財産ヨリスル収入ハ国庫ニ納入スヘシ而シテ法律ノ規定スル皇室ノ手当及費用ハ国会ニ依リ年次予算ニ於テ支弁セラルヘシ

第八三条　公共ノ金銭又ハ財産ハ如何ナル宗教制度、宗教団体若ハ社団ノ使用、利益若ハ支持ノ為又ハ国家ノ管理ニ服ササル如何ナル慈善、教育若ハ博愛ノ為ニモ充当セラルルコト無カルヘシ

第八四条　会計検査院ハ毎年国家ノ一切ノ支出及歳入ノ最終的会計検査ヲ為シ内閣ハ次年度中ニ之ヲ国会ニ提出スヘシ

会計検査院ノ組織及権限ハ国会之ヲ定ムヘシ

第八五条　内閣ハ定期ニ且少クトモ毎年財政状態ヲ国会及人民ニ報告スヘシ

第八章　地方政治

第八六条　府県知事、市長、町長、徴税権ヲ有スル其ノ他ノ一切ノ下級自治体及法人ノ行政長、府県議会及地方議会ノ議員並ニ国会ノ定ムル其ノ他ノ府県及地方役員ハ夫レ夫レ其ノ社会内ニ於テ直接普通選挙ニ依リ選挙セラルヘシ

第八七条　首都地方、市及町ノ住民ハ彼等ノ財産、事務及政治ヲ処理シ並ニ国会ノ制定スル法律ノ範囲内ニ於テ彼等自身ノ憲章ヲ作成スル権利ヲ奪ハルルコト無カルヘシ

第八八条　国会ハ一般法律ノ適用セラレ得ル首都地方、市又ハ町ニ適用セラルヘキ地方的又ハ特別ノ法律ヲ通過スヘカラス但シ右社会ノ選挙民ノ大多数ノ受諾ヲ条件トスルトキハ此ノ限ニ在ラス

第九章　改　正

第八九条　此ノ憲法ノ改正ハ議員全員ノ三分ノ二ノ賛成ヲ以テ国会之ヲ発議シ人民ニ提出シテ承認ヲ求ムヘシ人民ノ承認ハ国会ノ指定スル選挙ニ於テ賛成投票ノ多数決ヲ以テ之ヲ為スヘシ

右ノ承認ヲ経タル改正ハ直ニ此ノ憲法ノ要素トシテ人民ノ名ニ於テ皇帝之ヲ公布スヘシ

第一〇章　至上法

第九〇条　此ノ憲法並ニ之ニ基キ制定セラルル法律及条約ハ国民ノ至上法ニシテ其ノ規定ニ反スル公ノ法律若ハ命令及詔勅若ハ其ノ他ノ政治上ノ行為又ハ其ノ部分ハ法律上ノ効力ヲ有セサルヘシ

第九一条　皇帝皇位ニ即キタルトキ並ニ摂政、国務大臣、国会議員、司法府員及其ノ他ノ一切ノ公務員其ノ官職ニ就キタルトキハ、此ノ憲法ヲ尊重擁護スル義務ヲ負フ

此ノ憲法ノ効力発生スル時ニ於テ官職ニ在ル一切ノ公務員ハ右ト同様ノ義務ヲ負フヘク其ノ後任者ノ選挙又ハ任命セラルルマテ其ノ官職ニ止マルヘシ

第一一章　承　認

第九二条　此ノ憲法ハ国会カ出席議員三分ノ二ノ氏名点呼ニ依リ之ヲ承認シタル時ニ於テ確立スヘシ

国会ノ承認ヲ得タルトキハ皇帝ハ此ノ憲法カ国民ノ至上法トシテ確立セラレタル旨ヲ人民ノ名ニ於テ直ニ宣布スヘシ

（『憲資・総第九号』）

ポツダム宣言

新しい秩序は、——とりわけ現代においては——主として革命の正当性を人民大衆にどれだけ実証的・体験的に知らしめるかに、その運命をかけることになろう。

——小林直樹

一　吾等合衆国大統領、中華民国政府主席及「グレート、ブリテン」国総理大臣ハ吾等ノ数億ノ国民ヲ代表シ協議ノ上日本国ニ対シ今次戦争ヲ終結スルノ機会ヲ与フルコトニ意見一致セリ

二　合衆国、英帝国及中華民国ノ巨大ナル陸、海、空軍ハ西方ヨリ自国ノ陸軍及空軍ニ依ル数倍ノ増強ヲ受ケ日本国ニ対シ最後的打撃ヲ加フルノ態勢ヲ整ヘタリ右軍事力ハ日本国ガ抵抗ヲ終止スルニ至ル迄同国ニ対シ戦争ヲ遂行スルノ一切ノ聯合国ノ決意ニ依リ支持セラレ且鼓舞セラレ居ルモノナリ

三　蹶起セル世界ノ自由ナル人民ノ力ニ対スル「ドイツ」国ノ無益且無意義ナル抵抗ノ結果ハ日本国国民ニ対スル先例ヲ極メテ明白ニ示スモノナリ現在日本国ニ対シ集結シツツアル力ハ抵抗スル「ナチス」ニ対シ適用セラレタル場合ニ於イテ全「ドイツ」国人民ノ土地、産業及生活様式ヲ必然的ニ荒廃ニ帰セシメタル力ニ比シ測リ知レザル程更ニ強大ナルモノナリ吾等ノ決意ニ支持セラルル吾等ノ軍事力ノ最高度ノ使用ハ日本国軍隊ノ不可避且完全ナル潰滅ヲ意味スベク又同様必然的ニ日本国本土ノ完全ナル破壊ヲ意味スベシ

四　無分別ナル打算ニ依リ日本帝国ヲ滅亡ノ淵ニ陥レタル我儘ナル軍国主義的助言者ニ依リ日本国ガ引キ続キ統御セラルベキカ又ハ理性ノ経路ヲ日本国ガ履ムベキカヲ日本国ガ決定スベキ時期ハ到来セリ

五　吾等ノ条件ハ左ノ如シ

吾等ハ右条件ヨリ離脱スルコトナカルベシ右ニ代ル条件存在セズ吾等ハ遅延ヲ認ムルヲ得ズ

六　吾等ハ無責任ナル軍国主義ガ世界ヨリ駆逐セラルルニ至ル迄ハ平和、安全及正義ノ新秩序ガ生ジ得ザルコトヲ主張スルモノナルヲ以テ日本国国民ヲ欺瞞シ之ヲシテ世界征服ノ挙ニ出ヅルノ過誤ヲ犯サシメタル者ノ権力及勢力ハ永久ニ除去セラレザルベカラズ

七　右ノ如キ新秩序ガ建設セラレ且日本国ノ戦争遂行能力ガ破砕セラレタルコトノ確証アルニ至ル迄ハ聯合国ノ指定スベキ日本国領域内ノ諸地点ハ吾等ノ茲ニ指示スル基本的目的ノ達成ヲ確保スル為占領セラルベシ

八　「カイロ」宣言ノ条項ハ履行セラルベク日本国ノ主権ハ本州、北海道、九州及四国並ニ吾等ノ決定スル諸小島ニ局限セラルベシ

九　日本国軍隊ハ完全ニ武装ヲ解除セラレタル後各自ノ家庭ニ復帰シ平和的且生産的ノ生活ヲ営ムノ機会ヲ得シメラルベシ

十　吾等ハ日本人ヲ民族トシテ奴隷化セントシ又ハ国民トシテ滅亡セシメントスルノ意図ヲ有スルモノニ非ザルモ吾等ノ俘虜ヲ虐待セル者ヲ含ム一切ノ戦争犯罪人ニ対シテハ厳重ナル処罰ヲ加ヘラルベシ日本国政府ハ日本国国民ノ間ニ於ケル民主主義的傾向ノ復活強化ニ対スル一切ノ障礙ヲ除去スベシ言論、宗教及思想ノ自由並ニ基本的人権ノ尊重ハ確立セラルベシ

十一　日本国ハ其ノ経済ヲ支持シ且公正ナル実物賠償ノ取立ヲ可能ナラシムルガ如キ産業ヲ維持スルコトヲ許サルベシ但シ日本国ヲシテ戦争ノ為再軍備ヲ為スコトヲ得シムルガ如キ産業ハ此ノ限ニ在ラズ

右目的ノ為原料ノ入手（其ノ支配トハ之ヲ区別ス）ヲ許可サルベシ日本国ハ将来世界貿易関係ヘノ参加ヲ許サルベシ

十二　前記諸目的ガ達成セラレ且日本国国民ノ自由ニ表明セル意思ニ従ヒ平和的傾向ヲ有シ且責任アル政府ガ樹立セラルルニ於テハ聯合国ノ占領軍ハ直ニ日本国ヨリ撤収セラルベシ

十三　吾等ハ日本国政府ガ直ニ全日本国軍隊ノ無条件降伏ヲ宣言シ且右行動ニ於ケル同政府ノ誠意ニ付適当且充分ナル保障ヲ提供センコトヲ同政府ニ対シ要求ス右以外ノ日本国ノ選択ハ迅速且完全ナル破滅アルノミトス

『憲資・総第一一号』

〈著者略歴〉

竹内重年（たけうち・しげとし）

明治大学教授。法学博士。弁護士。早稲田大学大学院修了とともに東京大学社会科学研究所で憲法・行政法を専攻したのちドイツ留学。熊本大学教授を経て現職。

著書に『憲法のしくみ』『憲法論攷』『憲法講話』『憲法の視点と論点』ほか。訳書に『20世紀における民主制の構造変化』（ゲルハルト・ライプホルツ著）『法治国における統治行為』（ヘルムート・ルンプ著）など。

よくわかる日本国憲法《にほんこくけんぽう》　　レグルス文庫 243

2003年5月3日　初版第1刷発行
2003年6月6日　初版第2刷発行

著　者　竹内重年《たけうちしげとし》
発行者　松岡佑吉
発行所　株式会社　第三文明社
東京都新宿区本塩町11—1　郵便番号　160-0003
電話番号　03（5269）7145（営業）
03（5269）7154（編集）
URL　http://www.daisanbunmei.co.jp
振替口座　00150-3-117823
印刷所　明和印刷株式会社

ISBN4-476-01243-4

REGULUS LIBRARY

レグルス文庫について

レグルス文庫〈Regulus Library〉は、星の名前にちなんでいる。厳しい冬も終わりを告げ、春が訪れると、力づよい足どりで東の空を駆けのぼるような形で、獅子座〈Leo〉があらわれる。その中でひときわ明るく輝くのが、このα星のレグルスである。レグルスは、アラビア名で〝小さな王さま〟を意味する。一等星の少ない春の空、たったひとつ黄道上に位置する星である。決して深い理由があって、レグルス文庫と名づけたわけではない。ただ、この文庫に収蔵される一冊一冊の本が、人間精神に豊潤な英知を回復するための〝希望の星〟であってほしいという願いからである。

都会の夜空は、スモッグのために星もほとんど見ることができない。それは、現代文明に、希望の冴えた光が失われつつあることを象徴的に物語っているかのようだ。誤りなき航路を見定めるためには、現代人は星の光を見失ってはならない。だが、それは決して遠きかなたにあるのではない。人類の運命の星は、一人ひとりの心の中にあると信じたい。心の中のスモッグをとり払うことから、私達の作業は始められなければならない。

現代は、幾多の識者によって未曾有の転換期であることが指摘されている。しかし、その表現さえ、空虚な響きをもつ昨今である。むしろ、人類の生か死かを分かつ絶壁の上にあるといった切実感が、人々の心を支配している。この冷厳な現実には目を閉ざすべきではない。まず足元をしっかりと見定めよう。眼下にはニヒリズムの深淵が口をあけ、上には権力の壁が迫り、あたりが欲望の霧につつまれ目をおおうとも、正気をとり戻して、たしかな第一歩を踏み出さなくてはならない。レグルス文庫を世に問うゆえんもここにある。

一九七一年五月

第三文明社

レグルス文庫／既刊

レグルス文庫／既刊

精神のエネルギー　ベルクソン 宇波 彰訳
深層心理の世界　織田尚生
トルストイの生涯　藤沼 貴
法華経の七つの譬喩　菅野博史
牧口常三郎と新渡戸稲造　石上玄一郎
ギタンジャリ　R・タゴール 森本達雄訳
地球環境と仏教思想　川田洋一
初期仏教の思想(上)(中)(下)　三枝充悳
法華玄義(上)(中)(下)　菅野博史訳注
創価教育学入門　熊谷一乗
ガンディーとタゴール　森本達雄
自我と無意識　C・G・ユング
人間の宗教　R・タゴール
仏教と精神分析　三枝充悳 岸田 秀
創価教育学大系概論　牧口常三郎

戸田城聖伝　西野辰吉
大乗仏教入門　平川 彰
生命論—パラダイムの時代　日本総合研究所編
外国文学の愉しみ　辻 邦生
ヒューマニズムとは何か　石神 豊
人間ブッダ　田上太秀
大智度論の物語(三)　渡辺章悟
思考と運動(上)(下)　ベルクソン 宇波 彰訳
21世紀文明と大乗仏教　池田大作
国家主義と闘った牧口常三郎　村尾行一
わが非暴力の闘い　ガンディー 森本達雄訳
非暴力の精神と対話　ガンディー 森本達雄訳
私の人物観　池田大作
新・私の人物観　池田大作
続・若き日の読書　池田大作